後藤昭／四宮啓／西村健／工藤美香［著］

実務家のための
裁判員法入門

現代人文社

●はじめに

　2004年は，日本の刑事訴訟法史の中で時期を画する年として記憶されるであろう。司法制度改革の重要な一環として，刑事司法についてもいくつかの重要な立法が行われた。中でも裁判員制度は，もっとも大きな柱である。

　近代日本の刑事司法制度は，長く専門性をその特徴としてきた。日本における最初の近代的刑事訴訟法典となった治罪法は，ボアソナード草案中にあった陪審制度を採用せず，裁判官のみが裁判をすることを定めた。それ以後，刑事司法の運用は法曹という法律専門家の集団に委ねられてきた。それが効率的であり，かつ信頼できるしくみであると考えられていた。

　この専門性の伝統に対する最大の例外は，いうまでもなく1923（大正12）年に成立し，1928（昭和3）年から施行された陪審法である。昭和初期の戦争の時代を経験した陪審法は，第二次世界大戦中の1943年に法律により停止された。その際は，「今次ノ戦争終了後再施行スルモノ」とされており，戦後改革においても，将来における刑事陪審制度の復活は否定されなかった。

　しかし，現行刑事訴訟法施行から50年以上を経ても，陪審制度が復活することはなかった。その間，わずかに検察審査会制度が，一般市民の刑事司法過程への参加の形態として命脈を保ってきた。同時に，陪審制度復活の主張も，消えることはなかった。

　今回の司法改革に際して，市民の刑事裁判への参加が現実的な課題として議論されるようになってからは，参審制度の導入論も有力となった。裁判員制度は，参審論と陪審論の妥協の産物とみることもできる。逆に言えば，諸外国にもない独自な制度を創設したことを意味する。裁判員制度は，専門家へ全面委任された刑事司法という日本の伝統からの離脱であると同時に，比較法的にも新しい試みである。

　　　　　　＊

　21世紀の初めのこの時期に，なぜ私たちはこのような新しい制度の採用

に踏み切ったのか，その目的については，いろいろな解釈がある。ある者は，裁判所が国民の理解と支持を確保することを新制度の目的と考える。これを極端に進めれば，裁判員制度は，裁判所の広報活動の一環として位置づけられることになる。この対極にあるのは，刑事裁判の判決結果を現状より改善するための変更であるという考え方である。この考え方は，端的にいえば，裁判員が加わることによって誤った有罪判決が減ることを期待する。

別の観点から，裁判員制度の目的を司法における直接民主制の実現とする理解もあり得る。これに対して，裁判官と裁判員が協働することを強調して，裁判官が裁判員の多様な意見を参考にできるようにすることを制度の目的とする見方もある。さらには，裁判の迅速化，あるいは口頭主義・直接主義の実質化を裁判員制度導入の主要な効果として期待する人もいるかもしれない。制度に批判的な立場からは，国民に政治に対する不満を持たせないように，支配の中に取り込むための手段であるという評価もある。

裁判員制度の目的についてのこのような理解の差は，刑事裁判の現状に対する評価や民主主義と司法制度の関係についての理解の違い，あるいは裁判官に対する信頼の度合いの違いなどから生じる。

しかし，いずれの立場からも否定できないのは，裁判員制度が，刑事司法の民主的な正統性を確保するための制度としての役割を与えられていることである。司法制度改革審議会意見書は，「国民の統治客体意識から統治主体意識への転換」を目指し「国民自身が統治に重い責任を負う」ことを求める。そして，国民がその「責任」を「司法の運営に主体的・有意的に参加」することによって果たすことを期待する。そのような統治主体たる国民の参加のもっとも重要な形態が，裁判員制度である。意見書は，それによって「司法の国民的基盤」が確立されるとしている。ここには，国民自身が司法に参加することによって，司法に新たな正統性を与えようとする考え方が顕れている。このような裁判員制度の役割は，裁判員法1条の「司法に対する国民の理解の増進とその信頼の向上」という法の趣旨にも表現されている。

「日本の陪審制が単なる司法制度としてではなく，時代の政治的要請に応じる政治制度として成立した」（三谷太一郎『近代日本の司法権と政党』

〔塙選書，1980年〕10頁）という見方は，裁判員制度にも当てはまる。裁判員制度の導入は，これまでのように専門家の権威によって刑事裁判の信頼性を人々に納得させることが，難しくなったことを意味する。それは，刑事裁判という国家主権行使の重要な一環に市民参加を取り入れることによって，統治の正統性を強化するという意味で，政治的な機能を担っている。

裁判員制度が，このような政治的機能を担うものであるとすれば，その機能は実質を伴うものでなければならない。それが形だけの参加によって見せかけの正統性を装うものとなったのでは，政治的制度としても，司法制度としても倫理性を失う。そのときには，国民を支配に取り込むための制度だという批判が妥当するであろう。裁判員制度が倫理的な整合性をもつためには，司法制度改革審議会意見書が求めるとおり，裁判員の「主体的，実質的（な）」関与が確保されなければならない。それは裁判員が加わることにより，裁判官だけが判断するのとは違った判決結果がもたらされることを意味する。

裁判員制度が上に述べたような意味で政治的な制度であるとしても，それが司法制度としての役割をもつことはいうまでもない。刑事訴訟における裁判員制度の効果を一言でいえば，捜査中心の司法から公判中心の司法への転換である。供述調書に依存しない直接主義，口頭主義による公判審理と事件ごとに選任される裁判員の関与とは，捜査官の描いた事件の構図が公判を支配することを難しくする。事件の決着の場が，捜査過程の密室から公開の法廷に移動する。それによって，裁判結果の予測可能性は，これまでより低くなるであろう。公判に提出される証拠の絶対量も，現在より減らざるを得ないであろう。それは，いわゆる精密司法からの離脱を意味する。

当然ながら，そのことに危惧を感じる人はいる。しかし，公判中心の刑事司法のあり方は，むしろ公明正大な透明度の高い裁判をもたらす。被告人の防御の機会が正当に保障される限りで，それは被告人にとって現在より防御活動のしやすい手続となるはずである。そのような透明性の向上は，それ自体が市民参加と並んで刑事司法の正統性の基礎ともなる。

＊

本書は，主として弁護士を読者に想定して，成立した裁判員法について，

わかりやすい解説を試みる。

　裁判員裁判の実際がどうなるかについては，まだ確定しない部分も多い。法施行のために必要な政令や最高裁判所規則は，まだ作られていない。裁判員法は，裁判員という全く新しい裁判主体を導入しながら，それにふさわしい公判審理や立証のあり方を具体的に定めることはしなかった。これは陪審法が特別な証拠法則を伴っていたのに比べても，今回の立法の特徴を成す。そのため，裁判員裁判の実際の多くの部分は，今後の運用に委ねられている。

　本書の解説は，法律によって明らかに定められた内容を確認したうえで，これらの不確定な部分について，一定の提案を試みている。提案の基本的な志向は，裁判員の主体的・実質的関与を確保すること，刑事手続の透明性を重視すること，そして被告人の防御の機会を正当に保障することである。

　成立した裁判員法および改正刑事訴訟法の内容が理想的なものであると，私たちは考えているわけではない。むしろ上に挙げた志向に照らせば，不十分あるいは不明確な部分があるとみている。それでも今回の立法は，市民の刑事司法への参加制度として機能し得る条件をなんとか満たしている，というのが私たちの評価である。現在必要なのは，立法の足りない部分を解釈と運用によって補い，より良い制度へと導く工夫と努力である。一般の人々と法律家がともに裁判員制度を導入して良かったと思い，さらにその改善への意欲を持つようにすることが，私たちの目標であり，本書がその一助となることを願う。

　本書の出版に尽力してくださった，現代人文社の成澤壽信社長に，深く感謝する。

2004年11月27日

後藤　昭

実務家のための裁判員法入門◎目次

はじめに ……………………………………………………後藤昭　i
裁判員法制度の経緯と論点 ……………………………西村健　1

Q&A裁判員法 ……………………四宮啓＋西村健＋工藤美香

第1章　総則

- **Q1**　裁判員法の趣旨はどのようなものですか　15
- **Q2**　裁判員制度はどのような準備を経ていつから実施されますか　16
- **Q3**　裁判員法実施後，実施状況はどのように把握されますか　17
- **Q4**　裁判員裁判の手続における刑事訴訟法の特則にはどのようなものがありますか　18
- **Q5**　裁判員制度導入に伴い，改正された関連法律にはどのようなものがありますか　20
- **Q6**　国民が裁判員として参加するにあたり必要な環境整備にはどのようなものがありますか　21
- **Q7**　裁判員が参加する合議体の構成はどのようになりますか　23
- **Q8**　裁判員が参加する裁判はどのような事件が対象となりますか　26
- **Q9**　どのような事件が対象事件から除外されるのですか　27
- **Q10**　一人の被告人に対し複数の事件が起訴された場合，事件は併合されますか　29
- **Q11**　裁判官と裁判員の役割分担はどのようになっていますか　30
- **Q12**　裁判員が審理を十分理解し判断できるよう，制度上どのような工夫がありますか，また必要ですか　32

第2章　裁判員

- **Q13**　裁判員の権限・権利にはどのようなものがありますか　34
- **Q14**　裁判員の義務にはどのようなものがありますか　36

- **Q15** 補充裁判員はどのような場合に置かれるのでしょうか。また，その権限や義務はどうなっていますか　38
- **Q16** どのような人が裁判員になるのでしょうか　42
- **Q17** 辞退の事由と手続はどのようになっているのでしょうか　46
- **Q18** 辞退が認められるのは具体的にどのような場合でしょうか　50
- **Q19** 不公平な裁判をするおそれとはどのような場合でしょうか　52
- **Q20** 欠格事由等の存在が後日判明した場合はどのようになるのでしょうか　55
- **Q21** 裁判員候補者名簿はどのような手順で作成されるのでしょうか　59
- **Q22** 裁判員制度対象事件の手続の流れはどのようになるのでしょうか　62
- **Q23** 裁判員等選任手続期日の流れはどのようになるのでしょうか　65
- **Q24** 裁判員等選任手続期日で行われる質問方法はどのようなものになるでしょうか　68
- **Q25** 弁護人は，裁判員候補者について，いつ，どのような情報を知ることができるのでしょうか　70
- **Q26** 裁判員候補者に対してはどのような質問がなされるべきでしょうか　72
- **Q27** 当事者に認められる不選任請求とはどのようなものでしょうか　75
- **Q28** 理由を示した不選任請求が認められない場合はどのように対応すべきでしょうか　78
- **Q29** 裁判員，補充裁判員や裁判員候補者に対してはどのような説明が行われるべきでしょうか　80
- **Q30** 裁判員や補充裁判員が解任されるのはどのような場合ですか　82
- **Q31** 解任はどのような手続で行われるのですか　84
- **Q32** 裁判員や補充裁判員が審理開始後に選任される場合があるのですか　89
- **Q33** 裁判員や補充裁判員の任務はいつ終了するのですか　91

第3章　公判手続

1　公判準備
- **Q34**　公判前整理手続では何をするのですか　93
- **Q35**　被告人は公判前整理手続にどのように関与するのですか。黙秘権はどうなるのですか　95
- **Q36**　新しい証拠開示制度はどんなものですか。また，弁護人としてどう使えるのですか　97
- **Q37**　弁護側の主張と立証の請求はいつ，どのように行うのですか　100
- **Q38**　鑑定はいつ，どのように請求するのですか　102
- **Q39**　証拠能力はいつ，だれが，どのように判断するのですか　104
- **Q40**　争いのない事実の立証はどのように準備するのですか　106
- **Q41**　その他公判前整理手続で行っておくべきことは何ですか　108

2　公判手続
- **Q42**　勾留中の被告人は，どんな格好で出廷し，どこに座るのですか　109
- **Q43**　公判前整理手続の結果はどのように公判に顕出されるのですか　111
- **Q44**　冒頭陳述は行わなければなりませんか。またどのように行うのですか　113
- **Q45**　証人尋問，被告人質問はどう変わるのですか　115
- **Q46**　書証の請求と取調べはどう変わるのですか　117
- **Q47**　刑訴法321条1項2号書面の取扱いはどう変わるのですか　119
- **Q48**　自白の任意性の立証はどう変わるのですか　121
- **Q49**　新しい鑑定の請求は公判でもできますか　123
- **Q50**　量刑審理はどう変わるのですか　124
- **Q51**　最終弁論はどう行うのですか　126
- **Q52**　法廷用語とプレゼンテーションはどう変わるのですか　127

3　評議・評決
- **Q53**　評議はどのような方法で行われるべきでしょうか　129

- **Q54** 評決はどのような方法で行われるべきでしょうか　132
- **Q55** 判決はどのように言い渡されるのでしょうか。また，判決書はどのようなものになるでしょうか　135

第4章　上訴

- **Q56** 控訴理由はどう影響を受けるのですか　137
- **Q57** 裁判員裁判に特殊な「訴訟手続の法令違反」がありますか　139
- **Q58** 差戻審の審理はどう行うのですか　141

第5章　裁判員等の保護のための措置

- **Q59** 裁判員になった際，仕事は休めますか。労働関係上不利益な扱いを受けませんか　143
- **Q60** 裁判員等を保護するため，制度上どのような工夫がありますか　144
- **Q61** 裁判員への接触は規制されますか　145
- **Q62** 具体的事件の裁判について，広く市民に情報を提供し世論に訴えることは規制されるのでしょうか　146
- **Q63** 事件報道がなされる場合，弁護人はメディアとどう接すればよいでしょうか　147

第6章　罰則等

- **Q64** 裁判員法における罰則にはどのようなものがありますか　148
- **Q65** 裁判員の守秘義務の範囲はどのようなものでしょうか　151

資料　裁判員の参加する刑事裁判に関する法律案に対する附帯決議　154

以下の法令名は，略称を用いた。
裁判員法　　　裁判員の参加する刑事裁判に関する法律（平成16年法律第63号）
改正刑訴法　　刑事訴訟法の一部を改正する法律（平成16年法律第62号）
刑訴法　　　　刑事訴訟法
刑訴規則　　　刑事訴訟規則
また，法令名が付されていない条文は，裁判員法である。

裁判員法制定の経緯と論点

　裁判員法（裁判員の参加する刑事裁判に関する法律）制定の経緯を，司法制度改革審議会からさかのぼって振り返ってみたい。

1　司法制度改革審議会における議論

　裁判員法制定の直接の発端は，司法制度改革審議会設置にさかのぼる[*1]。
　司法制度改革審議会設置法（平成11年法律第68号）は，1999（平成11）年6月9日に公布され，同年7月27日に施行されるともとに，同日，司法制度改革審議会（以下，審議会という）の第1回会合が開催された[*2]。
　審議会設置法第2条第1項は，審議会の所掌事務として，「審議会は，21世紀の我が国社会において司法が果たすべき役割を明らかにし，国民がより利用しやすい司法制度の実現，国民の司法制度への関与，法曹の在り方とその機能の充実強化その他の司法制度の改革と基盤の整備に関し必要な基本的施策について調査審議する」と規定し，審議会が調査審議すべき事項を例示している。この中に「国民の司法制度への関与」が含まれている。市民の司法参加の可能性は，この時点で，現実的なものとして芽生えたと言いうる。

1　審議会の概要
　審議会は，委員13名と事務局から構成されている[*3]。
　審議会は，2001（平成13）年6月12日までの間合計63回の会合を行った。この間，地方公聴会（大阪，福岡，札幌，東京），地方調査，海外調査等を行っている。海外としては，アメリカ，イギリス，ドイツ，フランスに分かれて訪問し，各国の陪審制や参審制なども調査している。

2　市民の司法参加の検討経過の概要
　市民の司法参加は，主に以下の会合において検討議論されている。

(1) **第17回（2000年4月17日）**
藤田委員によるレポート及び意見交換がなされた。
(2) **第30回（2000年9月12日）**
法曹3者からのヒアリング及び意見交換がなされた。
(3) **第31回（2000年9月18日）**
石井委員，髙木委員，吉岡委員によるレポート及び意見交換がなされた。
(4) **第32回（2000年9月26日）**
意見交換及び審議結果の（中間）取りまとめが行われた。
(5) **第43回（2001年1月9日）**
藤倉皓一郎・帝塚山大学教授，三谷太一郎・成蹊大学教授，松尾浩也・東京大学名誉教授からのヒアリング及び意見交換がなされた。
(6) **第45回（2001年1月30日）**
「訴訟手続への新たな参加制度」審議用レジュメに基づき意見交換がなされた。
(7) **第51回（2001年3月13日）**
「国民の司法参加」についての審議結果の取りまとめが行われた。

3 市民の司法参加に関する公聴会及び法曹3者の意見

(1) 地方公聴会における意見

合計4回の地方公聴会ではそれぞれ6人の意見発表者が意見を述べたが，大阪（2000年3月28日）では6人中3人，福岡（2000年6月17日）では6人中4人が，東京（2000年7月24日）では8人中2人が陪審制導入に賛意を示す意見を述べ，札幌（2000年7月15日）では6人中2人が陪審制あるいは参審制導入に賛意を示す意見を述べた。

(2) 法曹3者の意見

第30回の審議会における法曹3者に対するヒアリングにおいて，日弁連は，市民の司法参加に積極的意見を述べ，その中でも特に刑事事件への陪審制度の導入を強調した。

法務省は，陪審制あるいは参審制について問題点を考慮しつつその導入の是非を検討すべきだと述べるにとどまった。他方，最高裁判所は，陪審制の問題点を強調し，導入するとすれば参審制で，しかも「評決権なき」参審制の導入が「無難であると思われる」とする意見を述べた。

4 市民の司法参加に関する審議会意見の推移

市民の司法参加に関する審議会意見の主な推移は以下の通りである。

(1) 論点整理（1999年12月21日）

「論点整理」では，「欧米諸国で採用されているような陪審・参審制度についても，その歴史的・政治文化的背景事情に留意しつつ，刑事訴訟手続や民事訴訟手続等に導入することの当否について検討すべきである」とされ，陪審・参審制度導入の是非について審議会で検討することが改めて確認された。

(2) 中間取りまとめ（2000年9月26日）

第30回から第32回の審議会における議論を踏まえ，以下のような会長取りまとめが行われ了承された。

「21世紀の我が国社会において，国民は，これまでの統治客体意識に伴う国家への過度の依存体質から脱却し，自らのうちに公共意識を醸成し，公共的事柄に対する能動的姿勢を強めていくことが求められている。そのような中で，司法の分野においても，主権者としての国民の参加を拡充する必要があり，法曹は，こうした国民とともに，司法を真に実のあるものとして発展させるべき責務がある。我々は，国民の司法参加に関する我が国のこれまでの経緯・経験をも踏まえつつ，上記のような国民と法曹の関係の在り方を基礎として，司法制度全体の中で，国民の参加を拡充すべきものと考える。訴訟手続への参加については，陪審・参審制度にも見られるように，広く一般の国民が，裁判官とともに責任を分担しつつ協働し，訴訟手続において裁判内容の決定に主体的・実質的に関与していくことは，司法をより身近で開かれたものとし，裁判内容に社会常識を反映させて，司法に対する信頼を確保するなどの見地からも，必要であると考える。今後，欧米諸国の陪審・参審制度をも参考にし，それぞれの制度に対して指摘されている種々の点を十分吟味した上，特定の国の制度にとらわれることなく，主として刑事訴訟事件の一定の事件を念頭に置き，我が国にふさわしいあるべき参加形態を検討する」。

この取りまとめは，審議会の中間報告（2000年11月20日）にも反映された。この取りまとめの時点で，刑事事件の一定事件における「市民の司法参加」制度導入が事実上決定された。

この取りまとめの特徴としては以下の点が指摘できる。

① この時点では，陪審か参審かは決定されていない。すなわち，取りまとめの中で国民が「裁判官とともに責任を分担しつつ協働」するとされている点は，裁判官とともに評議する参審をイメージしがちである。しかし，陪審であっても，

裁判官は法律判断者，陪審員は事実認定者として，責任を分担しつつ，ともに刑事裁判を担うと言えるのであり，陪審の可能性は否定されていないと考えられる。

② 参加する市民という観点では，選任委員会等の選抜方式は否定的方針を採用したと言いうる。このことは，取りまとめの中において，新しい参加制度においては「広く一般」の国民が参加するという点に現れている。

③ 最高裁が提示した「評決権なき参審」は否定されたといえる。このことは，取りまとめの中において，参加する国民が，「裁判内容の決定に主体的・実質的に関与していく」という点に現れていると言える。

(3) **最終意見書（2001年6月12日）**

上記中間取りまとめを踏まえてさらに議論がなされた結果，最終意見書は，「刑事訴訟手続において，広く一般の国民が，裁判官とともに責任を分担しつつ協働し，裁判内容の決定に主体的，実質的に関与することができる新たな制度を導入すべきである」として，導入すべき「裁判員制度」の骨子を示した[*4]。

その骨子と特徴は以下の通りである。

ア 基本的構造

> ○ 裁判官と裁判員は，共に評議し，有罪・無罪の決定及び刑の量定を行うこととすべきである。裁判員は，評議において，裁判官と基本的に対等の権限を有し，審理の過程においては，証人等に対する質問権など適当な権限を有することとすべきである。
> ○ 一つの裁判体を構成する裁判官と裁判員の数及び評決の方法については，裁判員の主体的・実質的関与を確保するという要請，評議の実効性を確保するという要請等を踏まえ，この制度の対象となる事件の重大性の程度や国民にとっての意義・負担等をも考慮の上，適切な在り方を定めるべきである。
> ○ ただし，少なくとも裁判官又は裁判員のみによる多数で被告人に不利な決定をすることはできないようにすべきである。

「裁判員制度」は，裁判官と裁判員が共に評議するという点では，参審型の参加制度と言える。

また，この時点で，改めて「評決権なき」参審を否定した。しかし，裁判官と裁判員の数については決定することができず，考慮要素を呈示したにすぎない。

評決要件については，裁判官だけで決定できるとなると裁判員参加の意味がなくなり，他方，憲法が裁判官のみの明文しか置いていないことなどに配慮して，裁判官又は裁判員のみの多数で被告人に不利な決定をすることはできないようにしている。

イ　裁判員の選任方法・義務等

> ○　裁判員の選任については，選挙人名簿から無作為抽出した者を母体とし，更に公平な裁判所による公正な裁判を確保できるような適切な仕組みを設けるべきである。裁判員は，具体的事件ごとに選任され，一つの事件を判決に至るまで担当することとすべきである。
> ○　裁判所から召喚を受けた裁判員候補者は，出頭義務を負うこととすべきである。

　裁判員の選任については，無作為抽出を前提として，1回限りの参加を求めるアメリカ陪審型選任方法を採用した。

ウ　対象となる刑事事件

> ○　対象事件は，法定刑の重い重大犯罪とすべきである。
> ○　公訴事実に対する被告人の認否による区別は設けないこととすべきである。
> ○　被告人が裁判官と裁判員で構成される裁判体による裁判を辞退することは，認めないこととすべきである。

　対象事件を重大事件に限定するとともに，自白事件にも導入する一方，被告人の選択権を否定した。

エ　公判手続・上訴等

> ○　裁判員の主体的・実質的関与を確保するため，公判手続等について，運用上様々な工夫をするとともに，必要に応じ，関係法令の整備を行うべきである。
> ○　判決書の内容は，裁判官のみによる裁判の場合と基本的に同様のものとすべきである。
> ○　当事者からの事実誤認又は量刑不当を理由とする上訴（控訴）を認めるべきである。

　公判手続の具体的在り方については後の検討課題とした。他方，判決書や上訴の在り方については，基本的には現行法を前提としている。

2　司法制度改革推進本部における議論

　上述した審議会の最終意見の趣旨にのっとって行われる司法制度の改革と基盤の整備を推進するため，司法制度改革推進法が2001（平成13）年11月16日に成立し，同法に基づく司法制度改革推進本部（以下，推進本部という）が同年12月1

日に発足した。

推進本部には各課題を検討する検討会が設置されたが，裁判員制度は，裁判員制度と刑訴法改正を検討する裁判員制度・刑事検討会（以下，検討会という）で検討されることになった。また，各検討会に対応する形で事務局が構成された。

1　検討会の概要

検討会は，11人の委員から構成されている[*5]。

検討会は，2002（平成14）年2月28日から2004（平成16）年7月6日までの間合計32回の会合を開催した[*6]。

この間，主に，事務局等が作成した論点に関するペーパーを基礎に議論が展開された。議論されたペーパーは，「当面の論点」，「たたき台」，「座長ペーパー」，「骨格案」である[*7]。

議論と並行して，裁判員制度については，3回の意見募集がなされた。また，法曹3者等やマスコミからのヒアリングもなされたが，審議会のときのような公聴会は開催されなかった。

2　意見募集の結果，マスコミあるいは法曹3者等の意見

(1)　意見募集の結果

3回に分けて行われた意見募集の結果は多岐に分かれている。裁判員制度に肯定的意見もあれば否定的意見も含まれている。

(2)　法曹3者等の意見

2002（平成14）年9月24日の第7回検討会において，法曹3者等7団体の代表者からのヒアリングが行われた[*8]。

そのヒアリングにおいて，争点となっていた裁判員と裁判官の数について，日弁連はワイド論（裁判官1人または2人，裁判員は11名程度），最高裁及び法務省はコンパクト論（裁判官3人，裁判員は3人程度）を展開した。

(3)　マスコミの意見

2003（平成15）年5月16日の第17回検討会において，マスメディア関係3団体の代表からのヒアリングが行われた[*9]。

そのヒアリングにおいて，「たたき台」に記載されていた偏見報道の禁止規定に対する反対意見などが述べられた。

3 検討会において意見が分かれた主たる論点

以下,意見が分かれた主要論点に関する検討会における検討状況について概観してみる。

(1) 裁判官と裁判員の数

最も議論が分かれたのは,裁判官と裁判員の数であり,基本的には,ワイド論,中間論(裁判官3人または2人,裁判員は5人あるいは6人),コンパクト論に分類できる[*10]。

推進本部事務局は,2003(平成15)年10月ころには事務局の骨子案を作成する予定であったが,後述する政治状況(主に,自民党において最終意見が確定できていないという状況)もあって作成できず,その代わり,座長が「座長ペーパー」を提示することになった。その「座長ペーパー」は,裁判官3人,裁判員4人(ただし,5人あるいは6人も考えられる)というものであった。

その後,後述する与党内部の調整も踏まえた推進本部事務局作成の骨子案は,裁判官3人と裁判員6人,但し,自白事件等の場合には裁判官1人と裁判員4人の合議体にすることができるというものとなり,それが法律となった。

(2) 評決要件

評決要件については,「たたき台」においては,基本的には過半数を前提とする考え方のみ示されているが,検討会内部では,全員一致あるいは特別多数決制を主張する意見もあった。最終的には,「裁判は,裁判官と裁判員の合議体の員数の過半数であって,裁判官の1名以上及び裁判員の1名以上が賛成する意見によらなければならないものとする。」とする座長意見が採用され,法律となった。

(3) 対象事件

対象事件については,法律となった「①死刑又は無期の懲役若しくは禁固に関する罪(ただし,刑法第77条の罪を除く。)に係る事件,②法定合議事件であって,故意の犯罪行為により被害者を死亡させた罪のもの」以外にも,法定合議事件一般とする意見もあった。

(4) 対象事件からの除外

原則として裁判員制度対象事件に該当する事件であっても,一定の場合に対象事件から除外すべきかどうか,除外する場合の要件が争点となった。除外できる場合の要件について,「たたき台」,「座長ペーパー」,「骨格案」そして法律とそれぞれニュアンスが異なっている。除外規定の書きぶりの困難性を示していると言えるが,いずれにしても,除外すべき場合は例外的な場合に限定すべきであるという意見が大勢であった。

⑸　裁判員の要件

　裁判員の要件のうち年齢について，検討会内部では，20歳以上，25歳以上，30歳以上の3案に分かれ，「座長ペーパー」では，25歳以上の案が採用されていた。しかし，「骨格案」では，政党間の調整も踏まえて，20歳以上の案とされ，法律もそのようになった。

⑹　質問手続

　裁判員候補者への質問手続に関する論点はいくつかある。このうち，質問権者について，検察官又は弁護人の直接の質問権を認める意見と認めない意見があったところ，「座長ペーパー」は，認めない意見を採用した。そして，その認めないとする案が「骨格案」及び法律に反映された。

⑺　控訴審の在り方

　控訴審の在り方について，「たたき台」では，裁判員も関与する案も記載されていたが，裁判員も関与しない案としては，現行法通りとする意見，訴訟手続の法令違反，法令適用の誤り等についてのみ自判できるものとし，量刑不当及び事実誤認については自判はできないとする意見，事実誤認については自判を認めないこととしつつ，量刑不当については自判を認めるという意見，事実認定及び量刑不当に関する破棄理由を加重するという意見が記載されていた。検討会では，これらの意見以外の変形型も提案されたが，「座長ペーパー」では，現行法通りとする意見が採用され，それが「骨格案」となり，法改正は行われていない。

⑻　差し戻し審

　「たたき台」では，新たな裁判員を選任して審理・裁判をすることを前提として，審理構造を現行法どおりの続審構造とする意見と覆審構造とする意見が記載されていた。「座長ペーパー」では，現行法どおりとして，それが「骨格案」となり，法改正は行われていない。

⑼　裁判員の守秘義務

　国会等でも激しく議論されたところである。基本的には，裁判員の守秘義務の範囲を限定的にすべきとする意見と広くてもよいとの意見との違いである。限定する方法としては，裁判中と裁判後，あるいは，裁判後でも一定期間経過後の前後でその範囲を分ける方法，罰則としては罰金刑にとどめるとする方法などが提案された。

　「座長ペーパー」は，裁判員等の秘密漏洩罪として，「裁判員及び補充裁判員並びにこれらの職にあった者は，評議の経過並びに各裁判官及び各裁判員の意見並びにその多少の数その他の職務上知り得た秘密を漏らし，又は合議体の裁判官

及び他の裁判員以外の者に対しその担当事件の事実の認定，刑の量定等に関する意見を述べたときは，○年以下の懲役又は○○円以下の罰金に処するものとする」とし，それが「骨格案」及び法案となった。しかし，後述するとおり，国会において修正された。

(10) 裁判員への接触禁止

「たたき台」では，裁判中はもとより，裁判後も「一定目的」による裁判員への接触を禁止する案が記載されていた。検討会では，裁判中はともかく，裁判後の接触禁止規定は置くべきではない旨の意見も出された。しかし，「座長ペーパー」では，裁判後についても，「何人も，裁判員又は補充裁判員が職務上知り得た秘密を知る目的で，裁判員又は補充裁判員であった者に対し，その担当事件に関し，接触してはならないものとする」とし，それが「骨格案」及び法律となっている。

3 国会等における議論

1 法案提出までの状況

検討会の検討と並行する形で，政党内でも議論が進められた[*11]。

自民党は，2003（平成15）年5月から，司法制度調査会裁判員制度と国民の司法参加のあり方に関する小委員会（「小委員会」という）を開催し，週1回のペースで議論を進めた。小委員会は，2003（平成15）年11月9日投票の衆議院総選挙の前である同年9月26日に「中間取りまとめ」を行った。この中間取りまとめでは，注目の裁判官と裁判員の数について，裁判官については3名とすることが一応適当としつつ2名論も排斥せず，また，裁判員の数についても，裁判官3名の場合には2から6名が考えられるというものとなっており，確定されなかった。

総選挙後，自民党は，小委員会でさらに議論を重ね，2003（平成15）年12月16日，小委員会取りまとめを行った。裁判官の数は3人，裁判員の数は4人程度とするものである。

他方，公明党も，同月11日，公明党案をまとめた。裁判官2人，裁判員7人とするものであった。

その後，自民党及び公明党は，2003（平成15）年12月後半から，与党政策責任者会議司法制度改革プロジェクトチーム（与党PT）で，両党のすりあわせを行い，最終的には，2004（平成16）年1月26日に，「裁判員制度の導入について」と題する文書で合意した（「与党合意」という）。それを受け，司法制度改革推進

本部も,「裁判員制度の概要について」(骨格案)をまとめ,2004(平成16)年1月29日の検討会に報告提出した。この骨格案に基づいて,法案が作成された。法案は,自民党総務会での議論を踏まえた一部修正(辞退事由について政令で定めることができることとした)の上,2004(平成16)年3月2日に閣議決定され国会に上程された。

なお,民主党は,2003(平成15)年12月4日,江田五月・司法改革WT座長,千葉景子・「次の内閣」法務大臣名で,「裁判員制度設計に関する考え方」を発表した。裁判官1名あるいは2名(ロークラーク的判事補1名含む),裁判員は10名前後とする意見である。

2 衆議院での議論

2004(平成16)年3月16日,衆議院において,裁判員法案に関する野沢太三法務大臣の趣旨説明後,裁判員法案及び刑訴法改正案が法務委員会に付託された。衆議院法務委員会では,議員による質疑以外にも,参考人質疑,意見聴取[*12]等が行われた。法務委員会及び本会議では,4月23日,両法案が一部修正の上可決された(裁判員法は全会一致,刑訴法改正は賛成多数)。裁判員法案に関する修正事項は守秘義務などである[*13]。

3 参議院での議論

参議院では,同年4月28日に野沢大臣の趣旨説明がなされた後法務委員会に付託された。参議院法務委員会では,議員による質疑以外にも,参考人質疑や地方公聴会が行われた[*14]。その上で,法務委員会では5月21日,本会議では5月22日に,両法案が可決された(本会議では,裁判員法は,賛成180,反対2の賛成多数。刑訴法改正は,賛成160,反対22の賛成多数)。

4 公布

裁判員の参加する刑事裁判に関する法律(平成16年法律第63号)は,2004(平成16)年5月28日に公布された。

5 施行

裁判員法附則1条では,公布の日から5年を超えない範囲内において政令で定める日から施行されることになっているので,遅くとも,2009(平成21)年5月までに裁判員裁判が始まる。

＊1　「市民の司法参加」という観点からすれば，当然のことながら，司法制度改革審議会設置以前から遡る必要がある。たとえば，1923（大正12）年の陪審法成立，1928（昭和3）年の陪審法実施から1943（昭和18）年の「陪審法の停止に関する法律」による陪審法施行停止までの間における陪審裁判実施の経験，戦後直後の陪審法復活論議，米国統治下の沖縄における陪審裁判の経験，戦後設立された検察審査会の実績，1980年代以降における国民の司法参加をめぐる各界の動きなどである。また，さらにさかのぼれば，明治維新以降の陪審論議もある（これについては，三谷太一郎『政治制度としての陪審制』〔東京大学出版会，2001年〕参照）。

＊2　司法制度改革審議会の議事録等は，http://www.kantei.go.jp/jp/sihouseido/index.htmlで閲覧可能である。なお，ジュリスト1208号（2001年）は，審議会の全記録（CD-ROM）を付録としている。

＊3　委員は，佐藤幸治会長（近畿大学法学部教授・京都大学名誉教授），竹下守夫会長代理（一橋大学名誉教授・駿河台大学長）のほか，石井宏治（（株）石井鐵工所代表取締役社長），井上正仁（東京大学法学部教授），北村敬子（中央大学商学部長），曽野綾子（作家），髙木剛（日本労働組合総連合会副会長），鳥居泰彦（慶應義塾大学学事顧問・前慶應義塾長），中坊公平（弁護士・元日本弁護士連合会会長），藤田耕三（弁護士・元広島高等裁判所長官），水原敏博（弁護士・元名古屋高等検察長検事長），山本勝（東京電力株取締役副社長），吉岡初子（主婦連合会事務局長）の各氏である（肩書はホームページ上のもの）。

＊4　ちなみに，「裁判員」という用語は，裁判官弾劾法（昭和22年法律第137号）による裁判官弾劾裁判所の構成員（国会議員）について用いられているが，参加する市民について公に初めて使用したのは，筆者の知る限り，第43回審議会のヒアリングにおける松尾浩也東京大学名誉教授であると思われる。

＊5　井上正仁座長（東京大学教授）のほか，池田修（東京地方裁判所所長代行判事），大出良知（九州大学教授），清原慶子（東京工科大学教授），酒巻匡（上智大学教授），四宮啓（弁護士），髙井康行（弁護士），土屋美明（共同通信論説委員），廣畑史朗（警察庁刑事局刑事企画課長。後に樋口建史に交替），平良木登規男（慶応大学教授），中井憲治（最高検検事。後に本田守弘に交替）の各氏（肩書きは当時）である

＊6　裁判員制度・刑事検討会の議論状況等は，http://www.kantei.go.jp/jp/singi/sihou/kentoukai/06saibanin.htmlで閲覧可能である。

＊7　「座長試案」までの検討会の状況については，筆者の「裁判員制度をめぐ

る議論と立法化のゆくえ──検討会座長試案の検討」季刊刑事弁護37号 8 頁（2004年），筆者及び工藤美香の「『裁判員制度』制度設計の経過と概要」自由と正義55巻 2 号14頁（2004年）参照。

＊ 8　出席者は，中川英彦（住商リース株式会社取締役副社長），長谷川裕子（日本労働組合総連合会労働法制局長），岡村勲（全国犯罪被害者の会代表幹事），杵淵智行（警察庁刑事局刑事企画課刑事指導室長），山田幸彦（日本弁護士連合会司法改革実現本部副本部長），三浦守（法務省刑事局刑事法制課長），今崎幸彦（最高裁判所事務総局刑事局第一課長）の各氏である。

＊ 9　出席者は，遠山叡（日本新聞協会人権・個人情報問題検討会幹事），雨宮秀樹（日本雑誌協会編集倫理委員会委員長），石井修平（日本民間放送連盟報道問題研究部会長）の各氏である。

＊10　ワイド論は，大出，四宮各委員，中間論は，清原，髙井，土屋各委員，コンパクト論は，池田，酒巻，平良木，本田，樋口各委員である。

＊11　自民党，公明党，民主党の最終意見は，各政党のホームページで閲覧することが可能である。

＊12　参考人等としては，佐藤幸治（近畿大学教授），清原慶子（三鷹市長），本林徹（前日弁連会長）の各氏の参考人質疑，公述人中川英彦，髙井康行，近藤晋，敷田みほの各氏からの意見聴取，井上正仁（東京大学教授），滝鼻卓雄（株式会社読売新聞東京本社代表取締役社長），尾崎純理（前日弁連副会長），木舟一郎（社団法人日本新聞協会人権・個人情報問題検討会幹事，日本経済新聞社編集局次長）の各氏の参考人質疑である。

＊13　守秘義務の修正箇所は以下の通りである。

　1)　裁判員等の任務が終了した後の「評議の秘密」を漏らした場合，法律案では，どのような目的があっても懲役刑を科することが可能であったが，修正案では，「財産上の利益その他の利益を得る目的」の場合のみに限定された。

　2)　懲役刑の上限が 1 年から 6 月にされた。

＊14　参考人等としては，長谷部恭男（東京大学法学部教授），四宮啓（弁護士・早稲田大学法科大学院教授），土屋美明（共同通信社論説委員），伊藤和子（弁護士・市民の裁判員制度つくろう会運営委員）の各氏の参考人質疑，地方公聴会としては，大阪では，山本一弘，前田葉子，遠藤一清，大東美智子，宮﨑誠の各氏と筆者，仙台では松田謙一，遠藤香枝子，天野清子，田岡直博，佐藤正明の各氏であった（地方公聴会では，裁判員制度以外の分野の意見も含む）。

（西村　健）

◎裁判員法補遺

その後の動きは以下のとおりである。

1 部分判決制度の導入

検討会の骨格案では、弁論が併合された事件の審理方法等については更に検討するものとされていた。

2006（平成18）年12月から、法制審議会刑事法（裁判員制度関係）部会において、この点が議論され、部分判決制度を導入することが決められた。その答申を受けて、2007（平成19）年5月22日、裁判員法が改正された（なお、本書の本文で引用している条文は、いずれも改正前の条文番号である）。

2 裁判員規則

最高裁判所は、刑事規則制定諮問委員会の議論を経て、2007（平成19）年7月5日、裁判員の参加する刑事裁判に関する規則（裁判員規則）を制定した。また、2008（平成20）年5月21日、部分判決制度導入を踏まえて、裁判員規則を改正した。

3 裁判員選任手続に関するイメージ

最高裁判所は、裁判員規則制定の議論と並行して、裁判員選任手続に関する運用イメージを固めた。

具体的には、裁判員選任手続の流れ、裁判員法39条の説明など裁判員に対する説明イメージ、不公平な裁判をするおそれに関する質問についての基本的考え方やイメージである（http://www.courts.go.jp/saikosai/about/iinkai/keizikisoku/index.html）。

4 辞退事由に関する政令

政府は、パブリックコメントを経て、裁判員法16条8号（改正後の条文番号）に規定する政令として、「裁判員の参加する刑事裁判に関する法律第16条第8号に規定するやむを得ない事由を定める政令」を制定し、2008（平成20）年1月17日に公布した。

5　法曹三者による模擬裁判など

　裁判所は，全国各地方裁判所において，各弁護士会及び各地方検察庁とともに模擬裁判を繰り返し行い，裁判員裁判施行の準備を行っている。日弁連や各弁護士会，検察庁も，独自に裁判員裁判に備えた研修活動を活発に行っている。

6　マスコミの動き

　日本新聞協会は，2008（平成20）年1月16日，「裁判員制度開始にあたっての取材・報道指針」を（http://www.pressnet.or.jp/），日本民間放送連盟は，翌17日，「裁判員制度下における事件報道について」（http://www.nab.or.jp/）を公表した。

　他方，日本雑誌協会は，特に新たな方針を決めていない。

7　施行日の決定

　2008（平成20）年4月15日の閣議で，裁判員法を2009（平成21）年5月21日から施行することが決定された（http://www.moj.go.jp/SAIBANIN/info/starts.pdf）。

（2008年6月9日記・西村健）

Q＆A裁判員法

Q1 裁判員法の趣旨はどのようなものですか。

参照条文 1条

●ポイント
　裁判員法は，司法に対する国民の理解の増進とその信頼向上をその趣旨とし，国民主権原理に基盤を持つものです。個々の弁護人には，裁判員裁判を通して，国民の司法への理解と信頼を獲得する努力が求められます。

1 法が述べる趣旨
　1条は，法の趣旨について，「国民の中から選任された裁判員が裁判官と共に刑事訴訟手続に関与することが司法に対する国民の理解の増進とその信頼の向上に資する」としています。

2 司法制度改革審議会意見が述べる趣旨
　ところで，「司法に対する国民の理解の増進とその信頼の向上」が求められる理由について，裁判員制度を提言した司法制度改革審議会意見（2001〔平成13〕年6月，以下「意見書」という）は，次のように述べています。
　「（前略）国民主権に基づく統治構造の一翼を担う司法の分野においても，国民が，（中略）多様な形で参加することが期待される。国民が法曹とともに司法の運営に広く関与するようになれば，（中略）司法に対する国民の理解が進み，司法ないし裁判の過程が国民に分かりやすくなる。その結果，司法の国民的基盤はより強固なものとして確立される」。
　刑事裁判への国民参加は，司法の国民的基盤の確立のために，国民主権原理に基づいて導入されるものととらえることが重要です。

3 法が求める法曹の資質，訴訟活動のあり方
　「司法に対する国民の理解の増進とその信頼の向上」のために必要な法曹の資質，訴訟活動のあり方を，ここで改めて考える意義は大きいでしょう。
　参加する国民が「主体的，実質的に関与」し，法曹と「十分かつ適切なコミュニケーションをとりながら協働していく」（意見書）ためには，国民が分かる裁判にすることが求められます（Q12参照）。
　また，法曹がそれぞれの立場で公平さ（fairness）を貫くことは，司法に対する信頼の向上に不可欠です。
　弁護人は，個々の事件の法廷における活動が，弁護制度，ひいては刑事裁判，司法に対する国民の理解につながることを意識し，その信頼を獲得する努力が求められます。

（工藤）

Q2 裁判員制度はどのような準備を経ていつから実施されますか。

参照条文　　附則２条～３条

●ポイント
2009（平成21）年５月までに実施されます。実施に向けて，国民への広報，国民が参加しやすい環境整備のほか，法曹に求められる能力の向上，弁護活動のためのさまざまな制度整備が不可欠です。

1　2009（平成21）年までに実施

附則１条は，「公布の日から起算して5年を超えない範囲内において政令で定める日」から施行するとしています。公布の日は2004（平成16）年５月28日ですから，2009（平成21）年５月27日までに施行されます。（なお，一部の規定はこれと異なります。附則１条各号参照。）

2　さまざまな準備

(1)　国民への広報　　政府及び最高裁判所は，制度に関する国民の理解と関心を深めるためのさまざまな措置を講ずる義務を負っています（附則２条）。弁護士も，弁護士会あるいは個々の活動を通じて，これに取り組んでいくことが重要です。

(2)　国民が参加しやすい環境整備　　国は，制度の円滑な運用のため，国民がより容易に裁判員として裁判に参加できるよう，必要な環境整備に努める義務を負っています（附則３条）。

障害のある方が参加できるような設備・機材の設置のほか，託児・介護サービスの充実，適正な額の日当，仕事を休める環境の整備などが必要です。

裁判所の法廷の改造，評議室や待合室の設置も不可欠です。

(3)　法曹に求められる能力　　法曹は，わかりやすい公判を実現するためのさまざまな準備が必要です。

例えば，裁判官は，裁判員とともに評議するためのコミュニケーション能力が求められます。また，検察官や弁護人には，わかりやすい審理を実現するためのプレゼンテーション能力が必要です（Q52参照）。

(4)　その他　　連日的開廷が原則となりますので，弁護人は，それに対応できる業務体制を準備することが必要です。

また，連日的開廷の下で，適切な弁護を行うためには，身体拘束された被告人との夜間・休日接見や，裁判所構内における接見・打合せの充実，証人尋問逐語記録の即日交付制度などの整備が不可欠です。

（工藤）

Q3 裁判員法実施後，実施状況はどのように把握されますか。

参照条文 74条，附則8条

● ポイント

最高裁判所は，毎年，法の実施状況に関する資料を公表します。公表されるべき資料は，制度改善に必要なものを広く含むものとし，施行後3年後に行われる見直しで生かされるべきです。

1 運用状況の公表

最高裁判所は，毎年，裁判員法の実施状況に関する資料を公表します（74条）。

2 公表されるべき資料

法は，資料の内容について，「対象事件の取扱状況，裁判員及び補充裁判員の選任状況」を例示として挙げています（同条）。前者には，司法統計年表で発表される事項のほか，例えば，どちらの合議体（9人制か5人制か）で取り扱ったかなどの統計が考えられます。後者には，裁判員候補者の呼出数と出頭数，補充裁判員の選任件数及び数などの統計が考えられます。

また，国民が参加しやすい環境整備（附則3条参照）を進める観点から，裁判員等による託児・介護サービスの利用状況や，裁判所の物的設備等に関するアンケートの実施も必要でしょう。

さらに，制度の運用にあたり，裁判官，検察官，弁護人は，迅速で分かりやすい公判審理を実現する義務（51条）が，裁判長には裁判員が評議で十分に意見を述べることができるよう配慮する義務（66条5項）があります。これらの義務を履行できているか検証するには，裁判員経験者の感想を聴くことが最も有効です。裁判所が，判決宣告後に，裁判員や補充裁判員に対し，裁判官，検察官，弁護人の公判活動に対する評価や，評議の感想を聴くための出口アンケートを実施することも検討されるべきでしょう。

3 施行後3年で見直し

この制度は，法施行後3年後に見直しが予定されています（附則8条）。見直しにあたっては，「制度が我が国の司法制度の基盤としての役割を十全に果たすことができるよう」（同条），さまざまな資料を広く活用し，検討を加えなければなりません。制度を固定的にとらえず，国民がより参加しやすく，司法の民主的基盤確立の理念に沿う制度とするための積極的な見直しが求められます。（工藤）

Q4 裁判員裁判の手続における刑事訴訟法の特則にはどのようなものがありますか。

参照条文　　64条

●ポイント
64条は，刑訴法の読替を規定しています。合議体の構成の変更による特則や，被告人の身体拘束，上訴に関連する条文などがあります。

1　受命裁判官
受命裁判官に行わせることができる手続は，刑訴法上「合議体の構成員」にさせることができると規定されています。このような手続に関する事項は，合議体の構成員のうち裁判官の判断事項ですので，「合議体の構成員である裁判官」にさせることができる，と読み替えます。

2　被告人の身体拘束に関する特則
裁判員等の保護の観点から，接見・授受の制限（刑訴法81条）について，逃亡・罪証隠滅に加え，「裁判員若しくは補充裁判員に，面会，文書の送付その他の方法により接触すると疑うに足りる相当な理由」が加わります。

必要的保釈の除外事由（同法89条）には，被害者等への畏怖行為（5号）に加え，「裁判員若しくは補充裁判員に，面会，文書の送付その他の方法により接触すると疑うに足りる相当な理由があるとき」が含まれます。

さらに，保釈・勾留の執行停止の取消事由（同法96条）には，被害者等への畏怖行為（4号）に加え，「裁判員若しくは補充裁判員に，面会，文書の送付その他の方法により接触したとき」が含まれます。

連日開廷下において被告人が十分な防御活動を行うには，被告人の身体拘束に関する規制は最小限でなければなりません。現在の保釈等の運用は改められる必要がありますし，上記特則については，具体的な根拠事実がある場合に初めて適用するなど，厳格な運用がなされなければなりません。

3　証人を保護するための措置に関する特則
証人の不安や緊張を取り除くため，付き添いやビデオリンクによる尋問を認めた規定においては，証人尋問を聞き，尋問を予定する者として，裁判官と訴訟関係人が挙げられています。裁判員裁判では，裁判員も証人尋問を聞き，尋問する可能性がありますので，関連条文の「裁判官」を「裁判官，裁判員」と読み替えます（刑訴法157条の2，157条の4第1項）。

4　起訴状一本主義

起訴状には,「裁判官に事件につき予断を生ぜしめる虞のある」ものを添付するなどしてはなりません。判断権限を有する裁判員に対しても同様ですから,「裁判官」を「裁判官又は裁判員」と読み替えます（刑訴法256条6項）。

5　尋問の順序

刑訴法304条1項は,証人等に対する尋問は,「裁判長又は陪席の裁判官が,まず,これを尋問する」と規定していますが,これを「裁判長,陪席の裁判官又は裁判員」と読み替えます。とはいえ,現在の運用では,当事者主義の観点から,証人尋問は証拠請求した当事者から行われています（刑訴法304条3項,刑訴規則199条の2第1項参照）。裁判官や裁判員の尋問は,規則に規定されているとおり,補充的に行われるべきです。

6　裁判所等が行った検証調書

裁判所が行う検証結果を記録した書面は,類型証拠開示の対象であり（刑訴法316条の15第1項2号）,証拠法上も特別の取扱いがなされます（刑訴法321条2項）。裁判員裁判では,裁判員が参加した状態で行われる検証もあり得ることから,そうした検証もこれらの対象に含めるべく,「裁判所又は裁判官」を「裁判所,裁判官又は裁判官及び裁判員」と読み替えます。

7　控訴理由

「法律に従って判決裁判所を構成しなかったこと」は,絶対的控訴理由です（刑訴法377条1号）。裁判所の構成には裁判員も関わるので,特則が設けられています（詳細はQ20参照。）

8　再審事由

原判決に関与した裁判官が,当該事件について職務関連犯罪を犯したことが確定判決により証明されたときは再審事由になります（刑訴法435条7号本文）。裁判員が犯罪を行った場合も含めるため,「原判決に関与した裁判官」を「原判決に関与した裁判官若しくは裁判員」に読み替えます。

なお,同号は,原判決をした裁判所が,原判決をする前に,上記犯罪の公訴の提起があったことを知らなかった場合に限定されますが（同号ただし書）,「裁判官」に対する公訴の提起も,「裁判官又は裁判員」に対する公訴の提起,と読み替えます。

（工藤）

Q5 裁判員制度導入に伴い，改正された関連法律にはどのようなものがありますか。

参照条文　　附則5条～7条

●**ポイント**
地方自治法，刑事確定訴訟記録法，組織的犯罪処罰法が改正されます。

1　地方自治法の改正

裁判員候補者予定者名簿は，市町村の選挙管理委員会が調製し，地方裁判所に送付することとされています（21条ないし23条等）。当該名簿調製事務等を，地方自治法2条の「第一号法定受託事務」とする改正がなされます（附則5条）。

2　刑事確定訴訟記録法の改正

裁判員等の個人情報を保護するため，刑事確定訴訟記録法上，裁判員等の個人を特定させることとなるおそれがあると認められるときは，原則として記録を開示しない旨の改正（4条2項6号）がなされます（附則6条）。しかし，刑事訴訟の公判記録は，確定後は原則として何人もアクセスできるとするのが刑訴法の建前であることからすれば，裁判員等の個人情報（例えば氏名）の記載があることを理由に，訴訟記録全体を不開示とすべきではありません。例えば，裁判員等の個人情報が記載された記録のみを容易に除外して開示できるよう，記録作成上の工夫がなされるべきです（具体的には，公判記録には裁判員の氏名を掲載しないこととしつつ，他の不開示となりうべき記録と照らし合わせれば当該訴訟に関与した裁判員を特定できる，といった工夫が考えられます）。

3　組織的犯罪処罰法の改正

組織的犯罪処罰法には，組織的に行われる犯罪に関する刑の加重規定が設けられています。裁判員や裁判員候補者等に対し威迫行為を行った者は，裁判員等に対する威迫罪で処罰されますが（78条），対象事件が組織的に行われ，その事件に関して威迫行為を行った場合には，組織的犯罪処罰法（7条1項4号，5号）により刑が加重されることになります（附則7条）。

（工藤）

Q6 国民が裁判員として参加するにあたり必要な環境整備にはどのようなものがありますか。

参照条文　　附則3条

●**ポイント**
　国民の幅広い層からの参加を得るため，また，公判審理で裁判員が主体的・実質的に参加できるようにするため，人的・物的両面からの環境整備が不可欠です。

1　国民の幅広い層からの参加を可能にするために

　より広い社会常識を裁判に反映するため，国民の幅広い層からの参加を得ることが必要です。

　そのためには，国民が仕事を休んで参加できるよう，給料保障制度の整備や，休みやすい職場環境の醸成，そのための会社における広報活動の充実等が不可欠です。また，介護や育児を担当する人が参加できるよう，介護・育児サービスの充実（託児所の設置や情報提供など）も必要です。

　アメリカでは，いくつかの州が，一定以上の規模の民間企業に一定の給与保障を義務づけています。また，少なくない民間企業が自主的に給与保障を行っています。裁判所によっては，裁判所内に託児所を設置し，陪審員候補者や陪審員が利用できるようになっています。

　障害のある方も参加できるよう，車いすでの移動を容易にする施設の整備や，音声拡大機器，手話通訳，拡大鏡，目の不自由な方のための音訳などの，人的・物的設備の充実が不可欠です。

　なお，一般市民からくじで選ばれる11人が検察官の起訴・不起訴の当否を審査する検察審査会法においては，「耳の聞えない者，口のきけない者及び目の見えない者」を検察審査員の欠格事由としていました（旧5条3号）。しかし，2000（平成12）年に改正され，同号は削除されています。検察審査会事務局は，視覚，聴覚，言語に障害のある方が円滑に意見交換ができるよう準備をしています。裁判員制度についても，同様の準備が求められます。

2　裁判員候補者がより快適に過ごせるようにするために

　裁判員候補者として裁判所に行く国民にとって，裁判員が選任されるまでの間，

より快適に過ごせることが重要です。裁判員候補者のための専用待合室をつくり，自動販売機やテレビモニター等を設置して，裁判員候補者の不安や不便，退屈さを解消することが求められます。また，待ち時間に仕事をしたい人のために，専用の部屋を設けることも考えられます。

アメリカでは，陪審員候補者の待合室が各裁判所に設けられており，テレビモニターが設置され，ドラマや映画，スポーツなどの娯楽番組のほか，陪審員として参加するにあたって必要な知識を提供するオリエンテーションビデオが放映されます。待ち時間に仕事をしたい陪審員候補者のために，別室が設けられ（Business CenterあるいはQuiet Room等と呼ばれています），裁判所によっては，コピー機やファックスが無料で使用できたり，候補者が持参したコンピュータをインターネットに接続できるよう，ケーブルを確保したりしています。

3　公判審理に参加するために

公判審理は，裁判員にわかりやすいものでなければなりません。裁判員が証拠調べをよく理解できるよう，法廷にドキュメントカメラやプロジェクター，モニター，スクリーンなどの機材を備える必要があります。また，裁判員や裁判官，当事者の席の位置や高さなどの法廷構造や，椅子の仕様などの設備についても，十分検討されなければなりません。

4　参加する国民の声を聞いて

いかなる環境整備が必要かについては，参加する国民の声を聞くことが不可欠です。アンケートの実施などを通じて，国民のニーズを把握し，出来る限り反映すべきです。

（工藤）

Q7 裁判員が参加する合議体の構成はどのようになりますか。

参照条文　2条

●ポイント

　裁判官3人，裁判員6人の9人制合議体が原則ですが，場合により，裁判官1人，裁判員4人の5人制合議体で審判することがあります。

　弁護人が異議を述べた場合は，5人制合議体による審判をすることはできません。

1　原則

　裁判官3人，裁判員6人（以下「9人制合議体」という）です（2条2項）。

2　小規模な合議体

　ただし，次の場合には，裁判所の決定により，裁判官1人，裁判員4人で構成される合議体（以下「5人制合議体」という）で裁判することができます。

　(1)公判前整理手続による争点及び証拠の整理において，公訴事実について争いがないと認められること（同条3項）。

　(2)事件の内容その他の事情を考慮して適当と認められること（同項）。

　(3)検察官，被告人及び弁護人に異議がないこと（同条4項）。

　検察官，被告人及び弁護人の意思確認は，公判前整理手続においてなされなければなりません（同条4項）。

　また，5人制合議体で裁判をする旨の決定は，裁判員等選任手続の期日までになされる必要があります（同条5項）。

　公判前整理手続は，5人制合議体で審判する旨の決定が行われるまでは，裁判官3人の合議体で構成される裁判所が担当します。5人制合議体で審判する可能性のある事件については，裁判長あるいは右陪席裁判官が受命裁判官として公判前整理手続を担当し（受命制度につき改正刑訴法316条の11参照），5人制合議体で審判する旨の決定後も当該事件を担当する運用が考えられるでしょう。

3　5人制合議体で審判する旨の決定の取消

　裁判所は，被告人の主張，審理の状況その他の事情を考慮して，事件を5人制

合議体で取り扱うことが適当でないと認めたときは，決定により，5人制合議体で取り扱うとの決定を取り消すことができます（同条7項）。

この場合，審理を担当してきた5人制合議体に，新たに裁判官・裁判員各2人を加えて，通常の合議体を構成します。後から加わる構成員のために，公判手続の更新が行われます（61条2項参照）。

なお，具体的な更新手続の方法については，一考を要します。これまで行われた証人尋問の結果等をすべて公判記録に基づいて取り調べるという考え方も成り立ちます。しかし，5人制合議体から9人制合議体にする場合には，自白から否認に転じるなど，争点が変更するものがほとんどです。したがって，裁判員にわかりやすい公判審理を実現するためには，変更した争点に即して関連する証拠を取捨選択して取り調べたり，場合によっては，冒頭陳述等からやり直すことも検討すべきです。刑訴規則213条の2は，裁判官の交代を事由とする更新手続について規定したものですから，5人制合議体から9人制合議体への変更による更新手続については，別途方法を定める規則の制定が必要と考えます。

4　合議体の選択にあたり考慮される事情

被告人が公訴事実を認めている場合に，いずれの合議体で審理するかを決するにあたっては，さまざまな事情が考慮されます。

自白事件の審理では，公判審理の中でも特に重要で，国民の社会常識を広く反映して決すべき事実認定には比重がおかれません。5人制合議体は，事実認定に比べてより裁量の余地が広い刑の量定について，4人の裁判員が，裁判官と合議し意見を述べて決するものであり，従来の法定合議（裁判官3人）の場合と比してより多くの合議体の構成員で議論して決するのですから，事件を軽く扱うものでは決してありません。事件全体の約8割を占める自白事件のほとんどにおいて，弁護人の立場から，5人制合議体での審理に積極的に異論を唱える理由はないといってよいでしょう。

ただし，例えば死刑求刑が見込まれるような事案については，刑罰の正当性そのものが国民の間で議論されていますので，弁護人の立場から，9人制合議体で特に多くの国民の参加を得て議論すべきと考える場合もあるでしょう。

（工藤）

●合議体の構成に関する議論

　合議体の構成は，司法制度改革推進本部裁判員制度・刑事検討会（以下，検討会）や，各政党における大議論を経て決定されました。

　検討会では，裁判官3人に対し裁判員2～3人とする意見（コンパクト型），裁判官1～2人に対し裁判員9～11人とする意見（ワイド型），裁判官2～3名に対し裁判員6名程度とする意見（中間型）に分かれていました。

　政党においても，多数の議論が行われました。政府与党である自民党の司法制度調査会国民の司法参加のあり方に関する小委員会は，2003（平成15）年5月から議論を開始。委員の意見は裁判官3人説と裁判官2人説に分かれ，同年9月の中間報告では，両論併記の形とならざるを得ませんでした。

　司法制度改革推進本部事務局は，同年10月に法律の骨格案を発表する予定でしたが，自民党等における議論がまとまらないため，これを断念。検討会では，法律の骨格案の代わりに，検討会の議論のたたき台とする「座長ペーパー」でさらに議論を続けざるを得ませんでした。

　同年12月，各主要政党が制度設計案を発表しました。自民党は，同月，「裁判官3人，裁判員4人程度」とする最終意見をまとめました。一方，民主党は，「裁判官1人，裁判員10人程度」とする制度設計を発表。公明党も，「裁判官2人，裁判員7人」を提案しました。

　与党である自民党と公明党は，双方の制度設計が出そろったところで，合議体の構成に関する激論を行いました。最終決着は，年末年始をまたいだ2004（平成16）年1月下旬。9人制合議体と5人制合議体の2つの合議体を創設する政府案がまとまりました。司法制度改革推進本部が検討会で法律の「骨格案」を提出できたのは，当初の予定から3ヶ月も遅れた同月29日でした。　　（く）

Q8 裁判員が参加する裁判はどのような事件が対象となりますか。

参照条文　2条，3条，4条，5条

● ポイント

刑事重大事件が対象ですが，非対象事件でも，裁判所が適当と認めるときは，裁判員が参加する合議体で審理されることがあります。

1　刑事重大事件が対象

裁判員が参加する合議体で取り扱うべき事件（対象事件）は，次の2類型です（2条1項）。

- 死刑又は無期の懲役若しくは禁錮に当たる罪に係る事件（1号）。
- 法定合議事件のうち，故意の犯罪行為により被害者を死亡させた罪に係るもの（2号）。

但し，対象事件であっても，一定の要件がある場合，裁判官のみによる合議体で審理することがあります（後述Q9参照）。

2　非対象事件ではあるが裁判員が参加する合議体で審理される場合

(1) **非対象事件の併合**　例えば，同一の被告人が複数の事件で起訴されている場合，その一部が非対象事件であることがあり得ます。その場合，裁判所は，非対象事件も，決定で，裁判員が参加する合議体で取り扱うことができます（4条1項）。この決定後，非対象事件は，対象事件の弁論と併合されます（同条2項）。

(2) **訴因変更等による非対象事件化**　また，当初対象事件として起訴され，裁判員が参加する合議体で審理していたものの，その後の訴因変更等により，事件の全部又は一部が非対象事件となる場合があります。その場合も，そのまま裁判員が参加して審理を続けます（5条本文）。ただし，裁判所は，決定で，裁判官のみの裁判体で取り扱うことができます（同条但書）。この決定が事件の一部について行われた場合には，弁論の分離の手続がとられます（刑訴法313条）。

3　事件の取扱いに関する決定手続

上記2(1)(2)の判断に際し，訴訟関係人の意見聴取は必須とはされていません（刑訴規則33条1項参照）。しかし，上記決定は，被告人にとって，併合罪の利益を受けるか否か（Q10参照）など，被告人の利益に重大な影響を及ぼします。したがって，弁護人は，裁判所に対し，意見聴取するよう求めることが必要です。このような裁判所規則の制定も検討されるべきでしょう。

　　　　　　　　　　　　　　　　　　　　　　　　　　　　　　　（工藤）

Q9 どのような事件が対象事件から除外されるのですか。

参照条文　3条

●ポイント
　裁判員等に対する言動等によって，裁判員や裁判員候補者の確保が困難な場合には，対象事件から除外されることがあります。ただし，除外は非常に例外的場合とすべきです。
　被告人や弁護人に除外の請求権が付与されています。

1　対象事件からの除外

(1)　除外の要件　　地方裁判所は，次のすべての要件を満たす事件について，対象事件から除外する決定をします（3条1項）。
①裁判員等に対する言動や加害等の事情
　被告人の言動，被告人がその構成員である団体の主張若しくは当該団体の他の構成員の言動又は現に裁判員候補者若しくは裁判員に対する加害若しくはその告知が行われたことその他の事情があること。
②裁判員等またはその親族等の生命，身体,財産,生活の平穏が害されるおそれ
　上記の事情により，裁判員候補者，裁判員若しくは裁判員であった者若しくはその親族若しくはこれに準ずる者の生命，身体若しくは財産に危害が加えられるおそれ又はこれらの者の生活の平穏が著しく害されるおそれがあること。
③裁判員等の確保が困難な状況にあること
　そのため，裁判員候補者又は裁判員が畏怖し，裁判員候補者の出頭を確保することが困難な状況にあり又は裁判員の職務の遂行ができずこれに代わる裁判員の選任も困難であると認めること

(2)　どのような場合に要件を満たすか　　対象事件からの除外は，非常に例外的な場合です。単に，「民心」（刑訴法17条1項2号参照）が生命等への危害や生活の平穏の著しい阻害をおそれているだけでは，要件を満たしません。例えば，被告人が暴力団関係者であるというだけでは，要件に該当するとはいえません。被告人やその加入団体等の言動についても，裁判員を名宛人として行われたと評価できるような，何らかの具体的事情が必要と考えるべきです。

2　除外の手続

(1)　**当事者の申立または職権で行われる**　除外の決定は、検察官、被告人若しくは弁護人の請求により又は職権で行われます（3条1項）。

(2)　**除外に関する決定を行う裁判所**　除外の決定又は除外の請求を却下する決定は、合議体で行われます（同条2項本文）。

なお、当該事件の審判に関与している裁判官は、決定に関与できません。受訴裁判所を構成する裁判官の恣意を防ぐ趣旨です。（同項但書）

(3)　**決定にあたっての意見聴取**　除外の決定又は除外の請求を却下する決定を行う場合には、あらかじめ、検察官及び被告人又は弁護人の意見聴取が必要です（同条3項）。

また、裁判員の選定が終わり裁判員が参加する合議体が構成された後に、職権で除外の決定をする場合には、その合議体の裁判長の意見聴取が必要です（同条4項）。

(4)　**決定にあたっての裁判所の権限等**　決定を行うにあたっては、必要な事実の取調をすることができます（同条5項、刑訴法43条3項）。

決定は、受命裁判官又は受託裁判官に行わせることができます（3条5項、刑訴法43条4項）。

決定には理由を付さなければなりません（3条5項、刑訴法44条1項）。

(5)　**不服申立**　決定に対しては、即時抗告をすることができます（同条6項）。

3　弁護人としてどう対応するか

除外の要件である上記1①②は、裁判員等に対する加害や加害の告知が実行された場合のみならず、そのような「おそれ」がある場合を含んでいます。そのような「おそれ」の具体性はあるか、また、裁判員等の確保や選任が困難な状況が具体的に生じているか（上記1③）について検討し、除外が広く認められることのないよう、対応することが重要です。

（工藤）

Q10 一人の被告人に対し複数の事件が起訴された場合，事件は併合されますか。

参照条文　4条

●ポイント

併合されない場合があります。今回の立法では量刑に関する特別の手当は行われておらず，今後の立法的解決が必要です。

1　複数事件の併合

一人の被告人に対し複数の事件が起訴された場合，一般的には，事件の審理はできるだけ併合して行う方が，被告人にとって利益であるといえます（併合罪，刑法45条以下）。

事件の一部が非対象事件であっても，裁判所の決定により，裁判員が参加する合議体で審理することができます（4条1項）。したがって，すべての事件を併合し，裁判員が参加する一つの合議体で審理することは理論上可能です。

2　事件が併合されない可能性

しかし，裁判員の負担への考慮から，すべての事件を併合するとは限りません。

例えば，①公判審理開始後に追起訴がなされ，弁論を併合すると審理予定期間を超過する場合，②公判前整理手続中に追起訴されたが，それぞれの事件が複雑な場合，が考えられます。

3　併合罪の利益を守るための工夫

上記可能性がある以上，被告人の併合罪の利益を守るための法整備が必要と考えられます。しかし，今回は立法が見送られ，現状では，併合罪にかかる2個以上の刑の執行の規定（刑法51条）があるのみです。今後引き続き検討を要する事項です。

なお，司法制度改革推進本部裁判員制度・刑事検討会では，委員から，次のような仕組みがあり得るとして紹介されました。

①先に判断する裁判体は犯罪事実の認定まで行い，後で判断する裁判体が前の裁判体の事実認定を前提に全体の量刑を決める。

②先に判断する裁判体は量刑まで判断し，後で判断する裁判体が前の裁判体の量刑も考慮に入れて全体の刑を示す。

③刑の調整規定を新設し，裁判体が別々に量刑判断した後，規定に基づき別の裁判所が両方の判決を前提として刑だけを決める。

（工藤）

Q11 裁判官と裁判員の役割分担はどのようになっていますか。

参照条文 6条，7条，60条，68条

●ポイント

裁判員は，事実認定と法令の適用，刑の量定の判断権を持っています。法令の解釈，訴訟手続については，裁判官のみで判断されますが，裁判員が評議を傍聴し，意見を述べることが認められる場合があります。

1 裁判員と裁判官の役割分担

裁判員は，①事実の認定，②法令の適用，③刑の量定，について，判断する権限を持っています（6条1項）。一方，裁判官は，すべての事項について判断する権限を持っており，ⓐ法令の解釈，ⓑ訴訟手続，については，裁判官のみが判断します（同条2項。なお，「その他裁判員の関与する判断以外の判断」（同条項）とは，例えば，法廷警察権の行使や，同一庁内における事件の配点・回付等が考えられます）。

2 裁判員ができること―詳説

(1) **裁判員が判断できる判決・決定** 裁判員が上記①ないし③の権限を持っているのは，次の事項に限られています（同条1項）。

・刑の言渡しの判決（刑訴法333条）

・刑の免除の判決（同法334条）

・無罪の判決（同法336条）

・少年事件の家裁送致（少年法55条）

したがって，裁判員は公訴棄却（刑訴法338条・339条）や免訴（刑訴法337条）に関する判断権限はありません。しかし，被告人が公訴権濫用により公訴棄却を求める場合や，公訴時効が問題となる場合には，その判断の前提として，有罪・無罪を決する場合と同様の，犯罪行為に関する事実認定が必要なことがあります。これも犯罪事実に関する認定ですから，この種の事実認定に裁判員が参加すると考えるべきです。

(2) **裁判員の尋問・質問権** 裁判員は，証人や被告人，意見陳述を行った被害者等に対して，尋問や質問をする権限があります（56条ないし59条）。

尋問や質問をする場合，裁判員は，裁判長に告げてから行います（なお，被害者等への質問を規定する58条には，かかる文言がありませんが，他と同様，裁判長に告げてから質問するものと解すべきでしょう）。

これらの権限は，裁判員にのみ認められているものであり，補充裁判員にはありません。

(3) 裁判員等の審理立会い　裁判所は，裁判員の関与する判断をするための審理以外の審理についても，裁判員及び補充裁判員の立会いを許すことができます（60条）。また，裁判所は，裁判員に対し，裁判官のみが判断する事項に関する評議の傍聴を許し，その事項に関する裁判員の意見を聴くことができます（68条3項）。したがって，例えば，公判審理において証拠能力の有無が問題になった場合には，裁判所は，裁判員等に審理の立会を許し，評議の傍聴を認めてその意見を聴くことが可能です。

3　弁護人はどう臨むか

(1) 裁判員の尋問・質問への対処　裁判員の尋問・質問権は，裁判員の参加意識を高めるとともに，裁判員の理解を深める重要な権限です。一方で，その質問が，法規に反することもあり得るため，弁護人はそれらの尋問・質問についても異議を申し出るなどの一定の対応が求められます。

場合により，尋問・質問を円滑に進めるため，裁判員の尋問・質問方法について，裁判長に訴訟指揮を求めることも考えられるでしょう。例えば，裁判員の質問は，裁判長が事前に確認し，内容や表現に問題があれば訂正をアドバイスするなどの方法を提案することがあってよいでしょう。

(2) 裁判員等の審理立会い　上述のように（2(3)），裁判員に判断権限がなくとも，裁判官の裁量で，裁判員が意見を述べることができる場合があります。裁判官の判断事項であっても，訴訟の帰趨を決定づける重要な事項の審理においては，弁護人は，裁判員に対してもわかりやすく説明し，裁判員も意見を持つことができるようにすることが重要です。例えば，証拠能力の有無の判断や，正当防衛の要件の解釈に関する主張などがあり得ます。

また，訴訟手続上の判断を求めるなど，非常にテクニカルな議論を行う場合でも，裁判員の信頼を得ることができる，より裁判員を意識した弁論が求められます。

(工藤)

Q12 裁判員が審理を十分理解し判断できるよう，制度上どのような工夫がありますか，また必要ですか。

参照条文 39条，51条，56条，57条，58条，59条，66条5項

● ポイント

　裁判員は，その権限等について説明を受け，刑事手続の流れなどの基本的な知識を持って臨みます。法曹は，裁判員等にわかりやすい審理をする義務があり，裁判員には証人等への質問権が与えられています。

1 刑事手続を理解するための情報提供

　(1) 提供されるべき情報　　裁判員は，法律専門家のような刑事手続に関する知識を持っているわけではありません。

　例えば，公判審理の流れや，それぞれの段階において当事者が行うこと（例えば，証拠調べ手続における冒頭陳述の意味や，証人尋問，異議の申立てなど），が説明されなければなりません。刑事手続上の重要な原則や被告人の権利（無罪推定の原則，検察官に求められる立証の程度，黙秘権など）についても，十分な説明が必要です。

　また，公判審理におけるさまざまな権限についての説明も不可欠です。

　(2) いつ提供されるのか　　裁判員及び補充裁判員は，選任手続の最後に，裁判長から，「権限，義務その他必要な事項」の「説明」を受けます（39条1項）。この「説明」の詳細は裁判所規則に委ねられています（同項）。

　上記1(1)に掲げた具体的事項は，「説明」の内容とされるべきであり，規則化されることが望ましいといえます。

　また，裁判員に対する説明は，選任手続の最終段階において受ける「説明」のみとするのではなく，さまざまな機会を捉えて行われるべきです。例えば，裁判員候補者が一同に会する場で，オリエンテーションのためのビデオを放映することも有効と考えられます。

　さらに，刑事手続に関する法教育の充実により，年少のころから一定の知識を備える仕組みも重要です。

2 公判前整理手続

　対象事件は，必ず公判前整理手続に付されなければなりません（49条）。裁判

員に理解しやすい公判審理となるよう、公判前整理手続において争点や証拠を整理します。

3　関係者の配慮、義務

裁判官、検察官及び弁護人は、裁判員の負担が過重なものとならないようにしつつ、裁判員がその職責を十分に果たすことができるよう、審理を迅速で分かりやすいものとすることに努めなければなりません（51条。審理の分かりやすさ等を実現するための具体的な方策につきQ52参照）。

4　冒頭陳述に当たっての義務

公判前整理手続に付された事件は、弁護人も冒頭陳述をしなければなりません（刑訴法316条の30）。裁判員裁判は全て公判前整理手続に付されますので（49条）、裁判員裁判では弁護人の冒頭陳述が必須です。

検察官、被告人又は弁護人が、冒頭陳述を行う場合には、公判前整理手続における争点及び証拠の整理の結果に基づき、証拠との関係を具体的に明示しなければなりません（55条）。

5　裁判員の証人等に対する尋問・質問権

裁判員は、証人や被告人、意見陳述を行う被害者等（刑訴法292条の2参照）に対する尋問や質問を行うことができます（56条〜59条）。裁判員が疑問を解消する上で有効な手段となりうるでしょう（権限の行使方法につき、Q11参照）。

6　評議における裁判長の義務

裁判長は、評議において、裁判員に対し、必要な法令に関する説明を丁寧に行うとともに、評議を裁判員に分かりやすいものとなるように整理し、裁判員が発言する機会を十分に設けるなど、裁判員がその職責を十分に果たすことができるように配慮しなければなりません（66条5項）。

（工藤）

Q13 裁判員の権限・権利にはどのようなものがありますか。

参照条文　6条，8条，11条，29条，56条～59条，62条，71条～73条

●ポイント

　裁判員には，職権行使の独立性などの権限が保障されています。また，裁判員は，旅費日当を請求する権利などを有しています。

　裁判員の権限・権利として主なものは以下の通りです。

1　裁判員の権限

(1)　**裁判員の判断権限**　裁判員は，事実の認定，法令の適用，刑の量定に関して，裁判官とともに合議して判断する権限を有しています（6条1項。詳細はQ11参照）。

(2)　**裁判員の職権行使の独立性**　裁判員は，独立してその職権を行います（8条）。「すべて裁判官は，その良心に従ひ独立してその職権を行ひ，この憲法及び法律にのみ拘束される」とする憲法76条3項と同旨の規定です。

　裁判官の場合，「独立してその職権を行ひ」とは，「他の何ものの指示・命令をも受けずに，自らの判断に基づいて裁判を行うことである。立法権・行政権はもとより，司法部内部の指示・命令もまた排除される」と説明されています（芦部信喜・高橋和之補訂『憲法［第3版］』〔有斐閣，2002年〕327頁）。裁判員も基本的には同様ですが，法令解釈や訴訟手続に関する判断は裁判官のみが行う（6条2項）こととの関係で，それらに関する裁判長の判断については，これに従わなければなりません（66条3項，4項）。

(3)　**質問権等**　裁判員は，証人等に対する尋問（56条），裁判所外での証人尋問等の立会い及び尋問（57条），被害者等に対する質問（58条），被告人に対する質問（59条）を行うことができます。また，裁判所の許可を得て，裁判員の関与する判断をするための審理以外の審理に立ち会うことができます（60条）。なお，補充裁判員は，これらのうち立会いについては裁判員と同等の権限を有しますが，質問等はできません。

(4)　**自由心証主義**　裁判員の関与する判断に関しては，証拠の証明力は，そ

れぞれの裁判官及び裁判員の自由な判断にゆだねられています（62条）。刑事訴訟法318条（「証拠の証明力は，裁判官の自由な判断に委ねる」）と同旨の規定ですが，同条は裁判官のみの判断を前提にしているので，裁判員法で，同旨の規定を置いたものと解されます。

2　裁判員の権利

(1)　旅費・日当を受ける権利　　裁判員（及び補充裁判員）には，最高裁判所規則で定めるところにより，旅費，日当及び宿泊費が支給されます（11条）。裁判員等選任手続期日に出頭した裁判員候補者も同様です（29条2項）。その金額等は，裁判員等の職務にふさわしいものでなければなりません。

ところで，裁判員等の職務を行うことによって経済的損失を被る場合，日当のみでまかなえないこともあり，その補償の是非が問題となります。立法段階でその点も検討されましたが，「人により就業状況や雇用形態など個人差が大きいため，一律に休業補償の制度を設けるというのは難しいのではないか」（「《座談会》裁判員制度をめぐって」ジュリスト1268号（2004年）15頁〔井上正仁発言〕）という理由などで今回は見送られています。しかし，他に手段はないのかさらに検討すべきではないかと考えられます。

(2)　不利益取扱いを受けない権利　　労働者が裁判員の職務を行うために休暇を取得したことその他裁判員，補充裁判員若しくは裁判員候補者であること又はこれらの者であったことを理由として，解雇その他不利益な取扱いをしてはならないことになっています（71条）。

(3)　氏名・住所等を知らされない権利　　何人も，裁判員，補充裁判員又は裁判員候補者若しくはその予定者の氏名，住所その他の個人を特定するに足りる情報は公にしてはいけません。また，裁判終了後も，本人が同意している場合を除き，これらの情報を公にしてはいけないことになっています（72条）。

(4)　接触されない権利　　何人も，当該被告事件に関し，裁判員又は補充裁判員に接触してはいけません。また，裁判終了後も，裁判員又は補充裁判員が職務上知り得た秘密を知る目的で裁判員又は補充裁判員の職にあった者に接触してはいけません（73条）。

(西村)

Q14 裁判員の義務にはどのようなものがありますか。

参照条文　11条，29条1項，30条3項，34条3項，39条2項，52条，56条～59条，66条

●ポイント
　裁判員は，公平誠実に職務を行う義務や守秘義務などの義務を負います。

1　一般的義務

裁判員の一般的義務としては以下のようなものがあります（9条）。補充裁判員も同様です（10条4項）。義務違反の場合は，解任事由になります（41条1項4号，5号）。

ア　裁判員は，法令に従い公平誠実にその職務を行わなければなりません（9条1項）。

イ　裁判員は，70条1項に規定する評議の秘密その他の職務上知り得た秘密を漏らしてはいけません（9条2項）。これについては後述の通り罰則等もあります。

ウ　裁判員は，裁判の公正さに対する信頼を損なうおそれのある行為をしてはいけません（9条3項）。

エ　裁判員は，その品位を害するような行為をしてはいけません（9条4項）。

2　出頭義務等

裁判員及び補充裁判員は，裁判員の関与する判断をするための審理をすべき公判期日並びに公判準備において裁判所がする証人その他の者の尋問及び検証の日時及び場所に出頭しなければなりません（52条）。

また，裁判員は，裁判員の関与する判断のための評議に出席し，意見を述べなければなりません（66条2項）。さらに，判決の宣告期日に出頭しなければなりません（63条1項）。

これらに反する場合は解任事由になります（41条1項2，3号）。また，公判期日等（宣告期日含む。評議は除く）に正当な理由がなく出頭しない場合には過料の制裁があります（83条3号，4号）。

第2章　裁判員

なお，呼出しを受けた裁判員候補者は，裁判員等選任手続の期日に出頭しなければなりません（29条1項）。これに反する場合は10万円以下の過料の制裁があります（83条1号）。

3　回答義務

　裁判員候補者は，質問票に虚偽の記載をしてはならず（30条3項），裁判員等選任手続における質問に対して正当な理由なく陳述を拒み，又は虚偽の陳述をしてはいけません（34条3項）。虚偽記載及び虚偽陳述については50万円以下の罰金（81条）あるいは30万円以下の過料（82条）の制裁が，裁判員等選任手続における正当な理由のない陳述拒否については30万円以下の過料（82条）の制裁があります。

4　宣誓義務

　裁判員及び補充裁判員は，最高裁判所規則に定めるところにより，法令に従い公平誠実にその職務を行う旨の宣誓をしなければなりません（39条2項）。宣誓しないことは解任事由に該当し（41条1項1号），正当な理由なく宣誓を拒んだ場合は10万円以下の過料の制裁があります（83条2号）。

5　守秘義務

　裁判員や補充裁判員は評議の秘密等を漏らしてはならないという守秘義務を負います（70条1項）。守秘義務違反は解任事由に該当し（41条1項4，5号），罰則の制裁（79条）があります（詳細は，Q65問参照）。

（西村）

Q15 補充裁判員はどのような場合に置かれるのでしょうか。また，その権限や義務はどうなっていますか。

参照条文 10条，45条，60条，69条

●ポイント
補充裁判員は，必要があると認められるときに，最高6人まで置くことができます。補充裁判員の権限や義務は，基本的には裁判員と同様と考えてよいのですが，補充裁判員としての限定があります。

補充裁判員は，裁判所が，審判の期間その他の事情を考慮して必要があると認めたときに置くことができます（10条1項本文）。補充裁判員は，裁判員の関与する判断をするための審理に立ち会い，合議体を構成する裁判員の員数に不足が生じた場合に，あらかじめ定める順序に従い，裁判員に代わって，裁判員に選任されます（10条2項）。

1 補充裁判員が選任される場合

補充裁判員が選任されるのは，「審判の期間その他の事情」を考慮して必要があると認められるときです。

考慮される具体的事情として法律が明記しているのは「審判の期間」です。「審判」とは審理・裁判のことですから，証拠調べあるいは評議にどの程度の時間がかかるかということです。長ければ補充裁判員が必要ということになり，短ければ必要ないということになるでしょう。「その他の事情」とは，審理の期間以外の事情ということになります。事件の難易度や社会からの注目度，あるいは補充裁判員を置いた場合の正式の裁判員に与える心理的影響（補充裁判員が存在することで最後まで審判に付き合う責任を回避しやすくならないか）などが考えられます。

具体的にどの程度の日数以上の公判期日が予想される場合に補充裁判員を置くべきかは個別判断に委ねられています。補充裁判員を置かないと，裁判員が不足した場合に裁判員等選任手続を改めて行わなければなりません。他方，全ての事件に補充裁判員を置く必要までもないでしょう。そこで，おそらくは，裁判員制度実施当初は，比較的多くの事件で補充裁判員を選任し，ある程度の事件数を処理した後，経験的に，どの程度の期間を超える場合に置くべきか検討することに

なるのではないかと思われます。

2　補充裁判員の人数

　補充裁判員の人数は，合議体を構成する裁判員の員数を超えることはできません（10条1項但書）。そこで，6人の裁判員の場合は6人，4人の裁判員の場合は4人を超えることはできません。

　6人の裁判員の場合は1人から6人が，4人の裁判員の場合は1人から4人が補充裁判員として選任可能なのですが，具体的に何人とすべきかは，個別判断に委ねられています。基本的には，審判期間が長ければ長いほど多くの人数を置くということになるでしょう。また，補充裁判員選任の要否とおなじく，おそらくは，裁判員制度実施当初は，比較的多めの人数の補充裁判員を選任し，ある程度の事件数を処理した後，経験的に，どの程度の期間を超える場合にどの程度の人数が必要なのか検討することになるのではないかと思われます。例えば，1日で終わることが確実であれば置かないが，2日以上の場合は1人から3人，1週間を超える場合は4人から6人などが考えられます。

3　補充裁判員の選任方法

　裁判所は，対象事件につき第1回の公判期日が定まったときは，必要な員数の補充裁判員を置く決定又は補充裁判員を置かない決定をしなければなりません（26条1項）。それによって，呼び出すべき裁判員候補者の人数等も変わります。

　裁判員等選任手続において，不選任決定がなされなかった裁判員候補者の中から，まず裁判員が選任され（37条1項），その後補充裁判員が選任されます。補充裁判員の選任決定の際，裁判員に選任されるべき順序も定められます（同条2項）。

　また，審判の途中等において，裁判所は，補充裁判員を新たに置き，又は追加する必要があると認めるときは，必要と認める員数の補充裁判員を選任することができます（47条1項）。

4　補充裁判員の任務期間等

　補充裁判員は，原則として判決宣告までその地位にとどまることになります（48条1号。詳細はQ33問参照）。

5 補充裁判員の権限及び義務

　補充裁判員の権限や義務は，裁判員と基本的には同様ですが，補充裁判員としての特徴があります。例えば，当然のことながら判断権限はありませんし，質問権もありません。また，出頭義務に関する相違が見られます。
　以下，補充裁判員の権限義務として特徴的な事項を指摘しておきます。
　ア　補充裁判員は，裁判員と同様に審理に立ち会います（10条2項）。
　イ　補充裁判員は，訴訟に関する書類及び証拠物を閲覧することができます（10条3項）。
　ウ　補充裁判員は公判期日等への出頭義務があります（52条）が，補充裁判員の列席が開廷の要件ではありません（54条1項参照）。ですから，裁判員が出頭しないと開廷できませんが，補充裁判員が出頭しなくとも開廷できることになります。しかし，補充裁判員もいつ裁判員となるのかわからないこと，補充裁判員が裁判員になった場合は公判手続の更新が行われます（61条1項）が，間断なく公判手続に立ち会っていた場合とそうでない場合とで更新手続の内容に影響がありうることなどからして，できる限り補充裁判員の出頭を確保すべきでしょう。
　エ　裁判員は，証人等に質問等することができますが，補充裁判員はできません（56条から59条参照）。
　オ　裁判所は，裁判員の関与する判断をするための審理以外の審理についても，裁判員と同様，補充裁判員を立会わせることができます（60条）。
　カ　裁判員は，判決宣告期日への出頭義務があり，判決宣告期日の通知を受けますが，補充裁判員にはありません（63条）。しかし，任務の解かれていない補充裁判員に対しては，判決宣告期日の通知だけはしておく扱いにすべきでしょう。
　キ　補充裁判員は，構成裁判官及び裁判員が行う評議並びに構成裁判官のみが行う評議であって裁判員の傍聴が許されたものを傍聴することができます（69条1項）
　ク　構成裁判官は，その合議により，補充裁判員の意見を聴くことができます（69条2項）。しかし，裁判員の場合（66条2項参照）とは違って，補充裁判員の方から積極的に意見を述べることはできないと考えられます。
　ところで，合議体の正式な構成員ではなく決定権限を有しない補充裁判員から意見を聴くことができること（69条2項）に関して，どのような事項について意見を聴くことができるかなどについて解釈上の問題点が考えられます。この点，

補充裁判員から意見を聴くことができる事項に限定はない，すなわち，裁判員も判断する事実認定や量刑についても意見を聴くことができる，そして，意見を聴くのは裁判員も傍聴している場面であるから当然のことながら裁判員も補充裁判員の意見を聴くことができるという考え方がありえます。それは，69条2項は，裁判官のみが判断することができる事項に関して構成裁判官が裁判員から意見を聴くことができると規定している68条3項と異なり，聴くことのできる事項について限定がないこと，69条1項で，補充裁判員は，構成裁判官及び裁判員が行う評議（構成裁判官のみが行う評議のみならず）を傍聴することができると規定されており，その第2項として規定されていることなどが理由です。

　しかし，この解釈は，あらゆる事項について裁判員と同様に補充裁判員から意見を聴くことができることを認めるものであり，妥当でないという考え方もありえます。すなわち，69条2項は，「構成裁判官」が「聴くことができる」との体裁になっていることから，補充裁判員が意見を述べる対象は構成裁判官に限定される（裁判員も対象であれば，条文の体裁は，「構成裁判官及び裁判員」は，「構成裁判官の合議により」，「聴くことができる」となっていたであろう），そして，意見を述べる対象者が構成裁判官に限定されるのであれば，意見を聴くべき事項も，構成裁判官のみが判断すべき事項に限定される（すなわち，69条2項には明記されていないが，68条3項と同様に解することになる）という考え方です。

　そもそも，一般市民の代表として審理に参加し，事実認定や量刑を行う裁判員が存在しているにも関わらず，補充裁判員に意見を聴くことができる場合としてどのような場合がありうるのか疑問です。このことは，構成裁判官のみが判断すべき事項についても同様です（市民の声を聴く必要あれば裁判員に意見を聴けばよく，それに加えて補充裁判員の意見を聴くべき場合とはどのような場合なのか）。いずれにしても，合議体の正式な構成員ではなく，また，場合によれば事実審理の全てに列席しているわけではない補充裁判員からの意見聴取は慎重になされるべきでしょう。

（西村）

Q16 どのような人が裁判員になるのでしょうか。

参照条文　12条～19条

● **ポイント**
　20歳以上であれば誰もが裁判員になりうることが原則ですが，欠格事由，就職禁止事由，事件に関連する不適格事由，その他の不適格事由など，裁判員になりえない一定の事由が規定されています。

1　選任資格（13条）

　裁判員は，衆議院議員の選挙権を有する者の中から無作為に選任されます。すなわち，20歳以上の国民であれば，誰もが裁判員に選任される資格を基本的に有していることになります。

2　欠格事由（14条）

　国家公務員法38条に該当する場合のほか，次のような事由に該当する者は，裁判員になることができません。
　1号　学校教育法に定める義務教育を終了しない者。ただし，義務教育を終了した者と同等以上の学識を有する者は，この限りではありません。
　2号　禁錮以上の刑に処せられた者
　3号　心身の故障のため裁判員の職務の遂行に著しい支障がある者
　1号では，どの程度の学識を有していれば「義務教育を終了した者と同等以上の学識を有する」と考えられるのか，また，それをどのような方法で判断するのかということが問題となります。
　2号では，その要件の該当性についてどの段階で判断するのか，具体的には，裁判員候補者名簿調整の段階，裁判員候補者の呼出しの段階，あるいは呼出し後出頭までの段階でチェックするのか，また，具体的にどのような方法でチェックするのかが問題となります。
　3号についても，どの程度の心身の故障がある場合に「裁判員の職務の遂行に著しい支障がある」と考えられるのか，また，それをどのような方法で判断するのかということが問題となります。
　国家公務員法38条に規定する事由とは，概略以下のような事由です。

1号　成年被後見人又は被保佐人
2号　禁錮以上の刑に処せられ，その執行を終わるまで又は執行を受けることがなくなるまでの者
3号　懲戒免職の処分を受け，当該処分の日から2年を経過しない者
4号　人事院の人事官又は事務総長の職にあって，国家公務員法第109条から第111条までに規定する罪を犯し刑に処せられた者
5号　政府を暴力で破壊することを主張する団体を結成し，これに加入した者

3　就職禁止事由（15条）

三権分立の観点，法律専門家の排除の観点，現に刑事手続の当事者となっている観点などから，以下の事由に該当する者は裁判員の職務に就くことができません。

　ア　三権分立の観点（1項）

国会議員（1号），国務大臣（2号），国の一定の行政機関の職員（3号），都道府県知事及び市町村（特別区を含む）の長（17号）

　イ　法律専門家など排除の観点（1項）

裁判官及び裁判官であった者（4号），検察官及び検察官であった者（5号），弁護士（外国法事務弁護士含む）及び弁護士であった者（6号），弁理士（7号），司法書士（8号），公証人（9号），司法警察職員としての職務を行う者（10号），裁判所の職員（非常勤の者を除く。11号），法務省の職員（非常勤の者を除く。12号），国家公安委員会委員及び都道府県公安委員会委員並びに警察職員（非常勤の者を除く。13号），判事，判事補，検事又は弁護士となる資格を有する者（14号），学校教育法に定める大学の学部，専攻科又は大学院の法律学の教授又は助教授（15号），司法修習生（16号）

　ウ　その他の職業的観点（1項）

　自衛官（18号）

　エ　現に刑事手続の当事者になっている観点（2項）

禁錮以上の刑に当たる罪につき起訴され，その被告事件の終結に至らない者（1号），逮捕又は勾留されている者（2号）

裁判員候補者がこれらのいずれの事由に該当するのかについては，原則として，裁判員候補者名簿への記載の通知や裁判員候補者の呼出後の自主申告などによっ

て明らかになるのではないかと思われます。

　なお，アメリカでは，職業を理由とする辞退事由を廃止する傾向にあります。これは，このような職業に就いている人も，他の人と同様に社会の構成員であることに差はないとの理由に基づいていますが，注目すべきでしょう。

4　辞退事由（16条）

　一定の事由に該当する者は，裁判員となることについて辞退の申立てをすることができます（詳細は，Q17問参照）。

5　事件に関連する不適格事由（17条）

　当該事件について裁判員となることができない事由として，被告人又は被害者（1号），被告人又は被害者の親族又は親族であった者（2号），被告人又は被害者の法定代理人，後見監督人，保佐人，保佐監督人，補助人又は補助監督人（3号），被告人又は被害者の同居人又は被用者（4号），事件について告発又は請求をした者（5号），事件について証人又は鑑定人なった者（6号），事件について被告人の代理人，弁護人又は補佐人になった者（7号），事件について検察官又は司法警察職員として職務を行った者（8号），事件について検察審査員又は審査補助員として職務を行い，又は補充員として検察審査会議を傍聴した者（9号），事件について刑事訴訟法第266条第2号の決定，略式命令，同法第398条から第400条まで，第412条若しくは第413条の規定により差し戻し，若しくは移送された場合における原判決又はこれらの裁判の基礎となった取調べに関与した者（ただし，受託裁判官として関与した場合はこの限りでない。10号）が規定されています。

　これらの事由の存否は，質問票や裁判員等選任手続期日における質問に対する回答などを見て判断することになると推測されます。

6　その他の不適格事由（18条）

　裁判所がこの法律の定めるところにより不公平な裁判をするおそれがあると認めた者は，当該事件について裁判員となることができません（詳細は，Q19問参照）。

7 補充裁判員の資格等（19条）

補充裁判員についても，13条から18条の規定が準用されます。

8 公務所等に対する照会（12条）

　裁判所は，26条3項（この規定を準用する場合も含みます）の規定により選定された裁判員候補者又は裁判員若しくは補充裁判員について，裁判員又は補充裁判員の選任又は解任の判断のために必要があると認めるときは，公務所又は公私の団体に照会して必要な事項の報告を求めることができます（1項）。つまり，具体的な事件を担当する裁判所は，裁判員等選任手続期日への呼出しのために選定された裁判員候補者について，選定後，必要な照会を行うことができることになります。

　他方，地方裁判所も，裁判員候補者について，裁判所（当該事件を担当する裁判所）の選任等の判断に資するため必要があると認めるときは，必要な照会をすることができます（2項）。裁判所の選任等の判断に資することが目的ですから，呼び出すべき裁判員候補者が選定された後地方裁判所が必要な照会をすることができることは問題ないでしょうが，問題は，呼び出すべき裁判員候補者の選定前にそのような照会ができるかどうかです。2項では時期的な制限がなされていないので，呼び出される可能性のある裁判員候補者（つまり，裁判員候補者名簿に記載された者）について事前に照会をしておき，選定後の裁判所の判断のための資料収集をしておくこともできるとも考えられます。ただ，このことを認めると，例えば，欠格事由の中に前科が規定されている（14条2号）ため，裁判員候補者名簿に記載された者について広く前科の有無の確認をすることができることになるので問題ではないかとの疑問も生じます。仮に前科の確認などができるとしても，プライバシー保護には十分配慮すべきでしょう。

（西村）

Q17 辞退の事由と手続はどのようになっているでしょうか。

参照条文　　16条

● ポイント

　一定の事由が認められる場合には，申立てに基づき辞退が認められます。辞退事由としては，重い疾病や傷害，介護や養育の必要性，重要な仕事上の用務，父母の葬式への出席等が規定されています。

1　辞退事由の概要

16条では，以下の事由が辞退事由とされています（⑦については，Q18参照）。

① 　年齢70年以上の者

② 　地方公共団体の議会の議員（会期中の者に限る。）

③ 　学校教育法1条，82条の2又は83条の学校の学生又は生徒（常時通学を要する課程に在学する者に限る。）

④ 　過去5年以内に裁判員又は補充裁判員の職にあった者

⑤ 　過去1年以内に裁判員候補者として27条1項に規定する裁判員等選任手続の期日に出頭したことがある者（34条7項の規定による不選任の決定があった者を除く。）

⑥ 　過去5年以内に検察審査会法の規定による検察審査員又は補充員の職にあった者

⑦ 　次に掲げる事由その他政令で定めるやむを得ない事由があり，裁判員の職務を行うこと又は裁判員候補者として27条1項に規定する裁判員等選任手続の期日に出頭することが困難な者

　　イ　重い疾病又は傷害により裁判所に出頭することが困難であること。

　　ロ　介護又は養育が行われなければ日常生活を営むのに支障がある同居の親族の介護又は養育を行う必要があること。

　　ハ　その従事する事業における重要な用務であって自らがこれを処理しなければ当該事業に著しい損害が生じるおそれがあるものがあること。

　　ニ　父母の葬式への出席その他社会生活上の重要な用務であって他の期日に行うことができないものがあること。

2　辞退手続

　辞退事由に該当する者（例えば，70歳以上の者）であっても，裁判員の任務に就くことはできます。辞退を希望する者のみ，辞退の申立てを行えばよいのです。以下，その手続を概観します。

　(1)　申立ての時期　　辞退の申立ては，対象事件の裁判員等選任手続期日に呼出しされた後裁判員等の選任決定がなされるまでの間に行えることは当然ですが，それ以外に，裁判員等の選任決定後あるいは裁判員等選任手続期日への呼出しの前に可能かどうか問題となります。

　まず，裁判員等の選任決定後ですが，裁判員等の選任決定後は，選任決定後に生じた16条7号に規定する事由による「辞任」の申立てに基づく解任決定が必要となります（44条）。この場合の辞任事由は，選任決定後に生じた16条7号に規定する事由に限定されています（詳細は，Q30参照）。

　次に，裁判員等選任手続期日への呼出しの前ですが，この時期に辞退の申立てができるかどうかは明確ではありません。この問題は，地方裁判所が裁判員候補者名簿を調製した後，当該名簿に記載された者に通知がされる（25条）ので，その通知後対象事件の裁判員等選任手続期日への呼出しまでの間にも辞退の申立てができるかどうかという問題です。例えば，年齢70歳以上の人が裁判員候補者名簿に記載された場合です。この点，27条1項によれば，裁判員等選任手続期日の呼出しの際，16条の規定により辞退の申立てがあった裁判員候補者について辞退事由が認められる場合は，26条3項によってくじで選ばれた裁判員候補者に対する呼出しをする必要がないことになっています。このことからすれば，法律は，裁判員等選任手続期日への呼出しの前にも辞退の申立てができることを前提にしていると考えられます。

　なお，仮に裁判員等選任手続期日への呼出しの前に辞退の申立てが認められうるとしても，裁判員候補者名簿からの消除を規定した23条3項では辞退事由がある者を消除する旨規定されていませんので，裁判員候補者名簿から消除されることはありません（27条1項により呼び出しされないだけになると思われます）。

　(2)　申立ての方法　　辞退の申立ての具体的方法について法律上の規定はなく，最高裁判所規則で定められるのではないかと推測されます。例えば，ア，文書によるのか口頭でも可能なのか，イ，どのような資料に基づき辞退の申立てを判断するのかなどです。

アについては，文書又は口頭のいずれでも可能とすべきでしょう。例えば，裁判員等選任手続期日の呼出し状の送付の際に辞退用紙を同封しておき，それに記載して返送する（質問票そのものが辞退申立て用紙を兼ねることでもよいと思います）という方法が考えられます。また，裁判員等選任手続期日に出頭した裁判員候補者の場合は，当日，口頭での申立ても可能とすべきでしょう。

　イについては，基本的には本人の申し出にのみ基づいて判断することになるでしょうが，例えば，在学証明書，診断書，勤務先の要請文などが必要な場合もあるでしょう。特に，裁判員等選任手続期日の前に文書による辞退の申立てが可能とされる場合などには，辞退事由を疎明する文書の添付が必要となるかもしれません。

　(3)　申立てに対する判断　　まず，裁判員等選任手続期日に出頭した裁判員候補者が辞退の申立てをした場合には，当該裁判所がその事由の存否を判断し，認められる場合は不選任決定を行うことになります（34条7項）。

　次に，裁判員等選任手続期日への呼出し後出頭すべき日時までの間に辞退の申立てを行った裁判員候補者については，呼出しを行った当該裁判所がその事由の存否を判断し，認められる場合は呼出しを取り消します（27条5項，6項）。裁判員等選任手続期日への呼出し後出頭すべき日時までの間に辞退の申立てを行ったが呼出しの取消しがなされないにもかかわらず出頭しなかった裁判員候補者については，34条7項に基づき辞退が認められ不選任決定される場合もありますが，そうでない場合は，37条3項（裁判員を最終的に確定する際に行われる不選任決定の規定）に基づき不選任決定がなされると考えられます。

　裁判員候補者名簿への記載の通知後呼出しまでの間における辞退の申立てを可能とする場合ですが，前述のように，辞退の申立てをした裁判員候補者がくじで呼び出し対象となった場合は，当該裁判所が，その人を呼び出さなくともよいとしていることからすれば，呼出しをしないということで辞退の申立てを事実上認めたことになる扱いになろうかと思います。すなわち，裁判員候補者名簿に記載された旨の通知を受けた裁判員候補者は，通知後辞退の申立てをすることができますが，直ちにそれが認められるというのではなく（前述のように，裁判員候補者名簿から消除されることはありません），呼出しをしないということで間接的に認められるということになるのではないかと考えられます。

3　辞退の申立てあるいは相談を受けた裁判所の対応

　辞退事由に該当しても，辞退することが「できる」にとどまります。辞退事由に該当する場合であっても，裁判員になることが可能な者は辞退する必要はありません。例えば，70歳以上の者であっても裁判員になることは可能です。年齢20歳以上の大学生も，試験以外の場合には裁判員になることが可能な場合もあるはずです。そもそも，広く一般の国民のなかから裁判員を選任するというのが裁判員法の趣旨です。このような観点からすると，裁判員候補者から辞退の可否の問い合わせを受けるであろう裁判所職員としては，できる限り辞退しない方向での説得や方策の検討のアドバイスを行うべきでしょう。

　もちろん，その前提として，国民が裁判員となることが可能となるよう諸制度を整備する必要があります。例えば，疾病又は傷害により出頭に困難を感じる人（例えば，車椅子を必要とする人）でも参加できる制度整備です。また，介護や養育が行われなければ日常生活を営むのに支障がある同居の親族の介護又は養育を行う必要があっても，その代替措置（例えば，介護付添い人の派遣，公的保育施設の一時的無償利用など）を講じることなども必要です。

（西村）

Q18 辞退が認められるのは具体的にどのような場合でしょうか。

参照条文　16条7号

●ポイント
　16条7号の要件の該当性が最も問題となりますが，広く一般の国民が参加するという裁判員制度の趣旨からすれば，辞退はできる限り限定的に認めるようにするとともに，参加しやすい環境整備が望まれます。

1　16条7号の解釈

　辞退事由の有無を判断する際最も問題となる条項は，16条7号です。広く一般の国民から裁判員を選任するという裁判員制度の趣旨からすれば，辞退事由はできる限り限定的に解釈すべきです。また，辞退事由は，当該事件が行われる時期や必要期間との関係で考える必要があることは言うまでもありません。

　例えば，政府は，若井康彦衆議院議員の質問に対する答弁（http://www.shugiin.go.jp/index.nsf/html/index_shitsumon.htm）において，「テレビ番組の出演者又はプロ野球選手であるということだけでは，本法第16条第7号ハに掲げる事由には該当しない。辞退事由に該当するかどうかは，個別の場合ごとに具体的事情に照らして裁判所が判断することになるが，そのような者の中には，本人自らが処理しなければその従事する事業に著しい損害が生じるおそれがある重要な用務がある場合もあると考えられ，そのような場合には，同号ハに掲げる事由に該当し，辞退が認められ得る。」としています。

　テレビ番組の出演者の中でも毎日のレギュラー番組を抱える芸能人やアナウンサーの場合などが問題となるでしょう。しかし，芸能人やアナウンサーであってもまとめて夏休みをとる場合もあります。このことからすれば，予め予定されていれば，裁判員として参加できることも多いのではないでしょうか。プロ野球選手の中でも特にレギュラー選手の場合が問題となりえますが，シーズンオフには参加可能な場合もあるでしょう。少なくとも，テレビ番組の出演者やプロ野球選手も，職業として行っているということでは，他の職業人（例えば，サラリーマンや自営業者）と同様ですので，ある一定の職業に就いているということだけでは辞退は認められないと考えられます。また，後述しますように，一見参加困難と考えられるような人が参加できるような環境整備も重要です。

2　政令で定めるやむを得ない事由

　16条7号では，イからニまでの事由以外に「政令で定めるやむを得ない事由」も辞退事由として定められることになっています。司法制度改革推進本部が作成した法案段階では，「次に掲げる事由その他のやむを得ない事由」となっており，「政令で定める」という文言はありませんでした。「次に掲げる事由その他のやむを得ない事由」としか規定されていない場合は，例えば，介護や養育を行う必要がある人が同居の親族ではないが，これに準ずるような人（例えば，内縁の配偶者など）の場合などに限定されることになろうかと思います。

　しかし，立法の最終段階において，「政令で定める」という文言が挿入され，イからニあるいはこれに準ずる以外の事由であっても政令で辞退事由を定めることができることになりました。この政令の内容ですが，立法経過からすると，思想信条を理由とした辞退事由が含まれるかのようです。しかし，16条7号で規定している事由は，客観的に見て誰もが仕方がないと思われるような事由です。他方，思想信条は主観的要素の強い事由です。立場によって見方が変わりうる可能性があります。それ故，そもそも，思想信条を理由とした辞退事由を政令で定めることが適切かどうか疑問です。いずれにしても，微妙な問題がありますので，政令の制定は慎重に行うべきでしょう。

　なお，「やむを得ない事由」についても政令で定めることになったので，例えば，16条7号のイからニに規定する事由に準ずるその他の事由といういわゆるバスケット条項が政令で規定されるのではないかと予想されます。

3　環境整備義務

　附則3条では，「国は，裁判員の参加する刑事裁判の制度を円滑に運用するためには，国民がより容易に裁判員として裁判に参加することができるようにすることが不可欠であることにかんがみ，そのために必要な環境の整備に努めなければならない。」とされています（詳細はQ6参照）。

　例えば，重い疾病又は傷害により裁判所に出頭することが困難である（16条7号イ）が辞退の申立てをしない人，あるいは介護又は養育が行われなければ日常生活を営むのに支障がある同居の親族の介護又は養育を行う必要がある（同ロ）が辞退の申立てをしない人が参加できるような環境整備をしなければなりません。勿論，辞退事由に該当しないが辞退したいと考える人が積極的に参加しようとする気持ちになる環境整備や工夫も必要です。

（西村）

Q19 不公平な裁判をするおそれとはどのような場合でしょうか。

参照条文 18条，34条4項

●ポイント

不公平な裁判をするおそれとは，17条に列挙されたもの以外の理由により公平な審判を期待することができない場合を指しますが，具体的には事例の集積を待たざるをえません。

1 その他の不適格事由（18条）

18条は，裁判所がこの法律の定めるところにより不公平な裁判をするおそれがあると認めた者は，当該事件について裁判員となることができないと規定しています。不公平な裁判をするおそれがある裁判員候補者は，職権又は請求により不選任決定をすることになります（34条4項）。

不公平な裁判をするおそれがある裁判員候補者を職権で不選任とすることができるという点は，アメリカにおける裁判官による陪審員候補者の排除（最高裁判所事務総局刑事局監修『陪審・参審制度米国編Ⅰ——陪審の構成・選定手続を中心として——』〔司法協会，1992年〕367頁。以下，「最高裁米国編Ⅰ」という）と共通しています。また，当事者の不選任請求権は，アメリカの陪審選定手続で認められている理由付忌避権と同種です。

2 アメリカの理由付忌避の実情

このように，18条は，アメリカで規定されている権利と同種ですので，アメリカの例が参考になります。アメリカの理由付忌避の具体的事由は州によって異なっています。州法で規定されている具体的事由の中には，裁判員法における「事件に関連する不適格事由」（17条）に該当するような事由も見受けられますが，それ以外としては，例えば，事件や当事者に対して偏見を有していること，事件について意見を形成していること，当事者等と関係があること（助言をしたこと，雇用しあるいは雇用されていること，検察官や弁護士に依頼したことなど）などがあるようです（「最高裁米国編Ⅰ」365，411，436，474頁等参照）。

理由付忌避がどの程度認められるかに関して，理由付忌避が認められることは多くないとの報告もあります。例えば，死刑について個人的に反感を抱いており，死刑を科するかどうかについて公平に判断を行い得ないといった旨の応答があっ

た時とか，あるいは自分の家族が現在懲役刑を受けており，この事件についても公平な陪審員としての義務を果たし得ないと思うといった申し出のあった場合のように，「明確に不適当」と考えられるような場合に適用されていたに止まるように思われるというものです（「最高裁米国編Ⅰ」258頁）。また，理由付忌避は，現実には裁判所によってなかなか認めてもらえず，例えば，酒酔い運転の場合に禁酒主義者が陪審員候補者となった場合，そのことだけで理由付忌避が認められるのではなく，質問を通じて，どうしても公平な判断ができないことが明らかにならないと認められないという紹介もあります（同262頁参照）。さらに，テキサス州では，陪審員候補者が被告人の有罪・無罪について見解を抱いていると述べても，裁判官からその理由を尋ねられ，新聞等による影響でそのような意見を抱いたが，法と証拠に基いて公平に判断すると答えた場合には，裁判官の裁量によって陪審の職務を行わせることができるともされています（同474頁。ただし，このような場合は，結局は，「事件について意見を形成している」という理由付忌避事由に該当しないという見方もありえるのではないかと思われます）。

　統計的には，古い統計ですが，マサチューセッツ州では，陪審員選定手続に関与した陪審員候補者の中で，理由付忌避が認められた者の数は，専断的忌避（裁判員法でいう「理由を示さない不選任請求」〔36条〕）をされた者の数の10パーセント未満となっています（同420，421頁）。

　仮に日本がアメリカと同様の状況になるとすれば，理由付忌避が認められるケースはあまり多くないということになります。ただ，アメリカの場合には，専断的忌避権の数が多いので，理由付忌避が認められなくとも専断的忌避を行使しうる余地があること（陪審員の人数が多いことも一因ではありますが，多いところでは死刑事件で20人を超える州もあります〔同316頁等参照〕）に留意する必要があると思われます。日本では，原則として理由を示さない不選任の請求は4人まで（36条1項）ですので，むしろ，理由ある不選任決定を多くする必要性が高くなるかもしれません。

3　裁判官の忌避の場合との対比

　刑訴法21条1項では，裁判官が不公平な裁判をする虞があるときは忌避することができるとされており，裁判員の不適格事由の文言と同様の文言が使用されています。そこで，裁判員の場合，裁判官の忌避が認められる場合と同様の場合にのみ不選任となるのか，あるいは裁判官の場合以上に広く不選任が認められるのかが問題となります。

裁判官の場合に不公平な裁判をするおそれの例としては，裁判官が，①担当事件の当事者と特別の関係（親友である，金銭的利害関係がある等）にあるとか，②訴訟手続外で既に事件につき一定の判断を形成しているとかの，当該事件の手続外の要因により，公平な審判を期待できない場合をいうとされていますが，③共犯者の審理裁判に関与したり，④法律問題などに関して一定の見解を発表していたりするだけでは直ちに不公平な裁判をするおそれがあるとはいえないとされています（松尾浩也監修『条解刑事訴訟法［第3版］』〔弘文堂，2003年〕31頁。以下，『条解刑訴』と略します）。

　①のような場合，すなわち，担当事件の当事者と特別の関係がある場合は，裁判員の場合も不公平な裁判をするおそれがあるとされるべきでしょう。裁判員候補者の場合，当該事件が生じた裁判地（被告人や被害者等事件関係者が居住していることが多い地域）から選任されることが通常ですから，裁判官の場合と対比して，当該事件の当事者や証人等と何らかの関係を有する可能性は高くなります。親友であるとか，金銭的利害関係がある等以外に，17条（事件に関連する不適格事由）に準ずるような場合があります。例えば，被告人等と親族に準ずる関係がある場合，被告人等を雇用している者，被告人等と同じ部署に勤務している者などがこれに該当すると考えられます。

　②のような場合，すなわち，訴訟手続外で既に事件につき一定の判断を形成している場合も同様であると考えられます。例えば，およそ，検察官が起訴した事件は有罪であると考えているので本件でも有罪であるとか，被告人が否認している場合は絶対に有罪にすることができないなどと断言しているような場合です。

　しかし，アメリカの理由付忌避の事例でみるように，抽象的に一定の意見を有していたとしても，当該事件では証拠に基づき判断しうる場合には，この要件に該当しないと考えられます。ただ，具体的にこれらをどのように区別するのか困難を要する場合があり，質問方法を工夫する必要があるでしょう。

　③の共犯者の審理裁判に関与している場合は，裁判員にとって非常に例外的な事例ですので，問題になることはほとんどないでしょうが，仮にありえた場合，裁判員となることは避けるべきでしょう。

　④の法律問題などに関して一定の見解を発表している場合も，そのことだけで直ちに不公平な裁判をするおそれがあるとはいえないことは裁判員の場合も同様でしょう。

（西村）

Q20 欠格事由等の存在が後日判明した場合はどのようになるのでしょうか。

参照条文　　13条～19条

●ポイント
　欠格事由等に該当することが裁判途中で判明した場合は解任決定がなされます。裁判終了後の場合は、絶対的控訴理由などになります。

1　裁判員等への選任後任務終了までに判明した場合

　法は、いったん裁判員や補充裁判員として選任された以上、13条から18条のうち、選任資格（13条）を欠く者、欠格事由（14条）に該当する者、就職禁止事由（15条）に該当する者、事件に関連する不適格事由（17条）、その他の不適格事由（18条）に該当する者が選任されたとしても、当該選任決定（37条）を当然無効とするのではなく、解任決定によることとしています（41条1項6号参照）。例えば、就職禁止事由に該当する者を見落として裁判員に選任した場合、そのことが裁判員の任務終了までの間に判明した場合には、その裁判員の解任決定をすることになります（解任については、Q30、31問参照）。なお、これらの事由に基く解任決定（職権又は請求による）は、裁判員等の選任決定前に生じた事由のみならず、裁判員等の選任決定後に生じた事由の場合も可能です。例えば、裁判員等の選任決定後就職禁止事由に該当する職務に従事するようになった場合などです（ただし、「その他の不適格事由」を理由とした当事者の解任請求には一定の制限があります）。

　他方、辞退事由（16条）の場合は、本来であれば辞退事由に該当すると判断すべきであるのに誤って辞退を認めなかったとしても、解任が認められることはありません（41条1項6号に16条が規定されていません）。しかし、選任決定後に生じた16条7号に規定する事由に基づく場合は、裁判員等は辞任の申立をすることができ、その事由が認められる場合は、裁判所は解任決定をしなければなりません（44条1項）。

2　裁判員等の任務終了後の場合

　裁判員等の任務終了後、例えば判決終了後に欠格事由等が判明した場合はどう

でしょうか。争点は,「法律に従って判決裁判所を構成しなかったこと」(刑訴法377条1号)という絶対的控訴理由に該当するかどうかという点にあると思われます(なお,「法令により判決に関与することができない裁判官が判決に関与したこと」(377条2号)も一見問題になりえますが,裁判員の場合には準用されないでしょう)。

(1) 15条(就職禁止事由)の場合　　刑訴法377条1号については,法64条において特例が設けられ,就職禁止事由(15条)に該当する者を見落として選任決定をしてそのまま判決言渡となった場合でも,絶対的控訴理由にはならない旨規定されています。このことは,立法者は,15条に該当する者が裁判員になって判決した場合は,刑訴法377条1号の「法律に従って判決裁判所を構成しなかったこと」に一応該当するという前提に立脚していると考えられます。ただ,そのような場合にまで絶対的控訴理由とするまでもないということで,64条でその特例を設けたということになります。

(2) 13条(選任資格),14条(欠格事由)の場合　　選任資格(13条)を欠く場合や欠格事由(14条)に該当する場合は,そもそもおよそどのような事件であっても裁判員となることができない場合ですから,そのような事由に該当する者が判決裁判所の合議体を構成した場合には,刑訴法377条1号に該当し,絶対的控訴理由になると考えられます。ただし,64条により,判決が裁判員法6条1項に規定する裁判員の関与する判断を含まないものであるときは,この限りではありません。

(3) 16条(辞退事由)の場合　　辞退の申立てが前提になっていますから,辞退の申立てがない以上,仮に辞退事由に該当していたとしても,そのことを見落として判決に至っても,刑訴法377条1号に該当することはありません。

ただ,辞退の申立てを行った裁判員候補者が,本来であれば辞退事由に該当するので辞退を認めるべきであったのに辞退が認められず裁判員に選任されて判決に至った場合は,訴訟手続上の法令違反(刑訴法379条)に該当することもあるのではないかと考えられます。しかし,そのことが判決に影響を及ぼすことはほとんどないでしょう。

(4) 17条(事件に関連する不適格事由)の場合　　17条の場合も,14条と同じく,「裁判員となることができない」と規定されていますので,17条に該当する者が判決裁判所の合議体を構成した場合は絶対的控訴理由になると考えられます

(ただし，判決が裁判員法6条1項に規定する裁判員の関与する判断を含まないものであるときは，この限りではありません）。

　この点，①裁判官の場合，裁判員法17条と同旨の規定は刑訴法20条（除斥事由）で規定されているところ，刑訴法20条に該当する場合の控訴理由は，刑訴法377条1号ではなく，「法令により判決に関与することができない裁判官が判決に関与したこと」（刑訴法377条2号）に該当するとされていること（『条解刑訴』846頁）から，裁判員の場合も，裁判員法17条に該当する場合は刑訴法377条1号に該当せず，同条2号類似の規定が必要ではないか（しかし，前述のように，同条2号は裁判員の場合には準用されないので，結局，17条に該当しても絶対的控訴理由にはならない），②裁判員制度・刑事検討会（第31回）に提出された事務局の「裁判員制度の概要について（骨格案）」において，手続の安定性という観点から，「就職禁止事由の場合は，就職禁止事由に該当する裁判員が手続に関与したとしても，手続の効力には影響を及ぼさない」とされ，また，「欠格事由に該当する者が裁判員として手続に関与した場合であっても，裁判員が権限を有する裁判がなされていない限り，既になされた審理の効力には影響を及ぼさない」とされており，いずれも，手続の効力に疑義が生じることを前提にした注意事項が記載されていたが，17条（骨格案では「除斥事由」とされています）に関連しては何らの注意事項も記載されていないことからすれば，法は，17条が手続の効力に影響を及ぼすことは予定していなかったのではないか，という疑問が生じえます。

　しかし，①については，裁判官の除斥事由の場合は，当該人物は，裁判官という資格は有しているが，当該事件限りに参加しえない事由を規定しているだけにすぎない（「除斥事由」に該当しても，「裁判官」であることに変わりはない）のに対し，当該事件に1回限り参加する裁判員の場合は，まさに，当該事件との関連が資格要件の有無そのものに該当すると考えられます（「事件に関連する不適格事由」に該当すれば，「裁判員」にはなれない）。つまり，裁判員の場合，17条に該当するということは，裁判官との対比で考えれば，そもそも裁判官足りえない場合であったと同等のことになる（裁判所法46条の任命欠格事由に該当する者が裁判官に任命され，判決に関与していた場合には刑訴法377条1号に該当するとされています。『条解刑訴』846頁参照）ので，資格ない者が判決裁判所を構成したということで，刑訴法377条1号に該当すると考えられます。②については，

骨格案では明記されていませんでしたが，骨格案では「除斥事由」とされていたのが，法律では「事件に関連する不適格事由」とされたのは，裁判官の場合と混同される危険性を避けたのではないかとも考えられます。

　いずれにしても，17条の場合も，13条や14条と同様に，「裁判員となることができない」という条文になっていること，実質的に考えて，ありえないことではありますが，被害者（17条1号）が偶然裁判員となって判決に至った場合には，当該判決は無効と解さざるを得ないことなどから，17条違反の場合も，刑訴法377条1号に該当すると考えられます。

　(5) 18条（その他の不適格事由）の場合　　この事由については，裁判所がこの法律の定めるところにより不公平な裁判をするおそれがあると「認めた」場合に裁判員となることができないとされています。そこで，原審裁判所が不公平な裁判をするおそれがあると認めなければ，仮に本来であれば18条に該当すると判断すべき者が裁判員となって判決裁判所の合議体を構成しても刑訴法377条1号に該当しません。

　ただ，控訴審裁判所が，本来であれば「その他の不適格事由」に該当すると認定すべきであったとの判断に至った場合は，訴訟手続の法令違反（刑訴法379条）に該当する場合もあるのではないかと考えられます。しかし，辞退事由の場合と同様，そのことが判決に影響を及ぼすことはほとんどないでしょう。

（西村）

Q21 裁判員候補者名簿はどのような手順で作成されるのでしょうか。

参照条文　20条〜25条

● ポイント
　裁判員候補者名簿は，各地方裁判所が，市町村の選挙管理委員会が有する選挙人名簿に登録されている者の中から，一定の手順を経て，毎年作成します。

1　裁判員候補者名簿作成までの流れの概要

裁判員候補者名簿作成までの流れは，概ね以下のようなものです。

まず，市町村の選挙管理委員会が，選挙人名簿から裁判員候補者予定者名簿を作成して地方裁判所に送付します。地方裁判所は，これに基づき，裁判員候補者名簿を作成します。

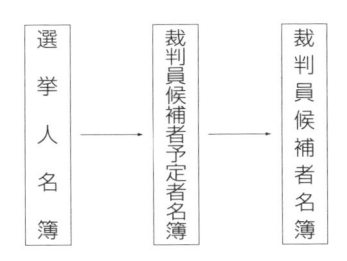

選挙人名簿 → 裁判員候補者予定者名簿 → 裁判員候補者名簿

2　裁判員候補者予定者名簿の調整

地方裁判所は，最高裁判所規則で定めるところにより，毎年9月1日までに，次年（次年「度」ではありません）に必要な裁判員候補者の員数をその管轄区域内の市町村に割り当て，これを市町村の選挙管理委員会に通知しなければなりません（20条1項）。

この員数は，最高裁判所規則で定めるところにより，地方裁判所が対象事件の取扱状況その他の事項を勘案して算定した数とされています（20条2項）。

市町村の選挙管理委員会は，地方裁判所からの通知を受けたときは，選挙人名簿に登録されている者の中から裁判員候補者の予定者として当該通知に係る員数の者（選挙権を有しなくなった旨の表示がなされている者は除く）をくじで選定しなければなりません（21条1項）。また，選挙管理委員会は，選定した者につ

いて，選挙人名簿に記載されている氏名，住所及び生年月日の記載をした裁判員候補者予定者名簿を調製しなければなりません（21条2項）。そして，選挙管理委員会は，毎年10月15日までに裁判員候補者予定者名簿を，通知をした地方裁判所に送付しなければなりません（22条）。

　裁判員候補者予定者名簿は，磁気ディスクをもって調整することができます（21条3項）。

　なお，市町村の選挙管理委員会は，裁判員候補者の予定者について，死亡したこと又は衆議院議員の選挙権を有しなくなったことを知ったときは，地方裁判所にその旨通知しなければなりません。ただし，裁判員候補者予定者名簿を送付した年の次年が経過したときはこの限りではありません（23条4項）。

3　裁判員候補者名簿の調製

　地方裁判所は，市町村から裁判員候補者予定者名簿の送付を受けたときは，これに基づき，最高裁判所規則で定めるところにより，裁判員候補者の氏名，住所及び生年月日の記載をした裁判員候補者名簿を調製しなければなりません（23条1項）。裁判員候補者名簿は磁気ディスクをもって調製することができます（同2項）。裁判員候補者名簿の作成期限は規定されていませんが，年内に裁判員候補者名簿に記載された者への通知を行うべきであろうことから考えれば，裁判員候補者予定者名簿の送付期限である10月15日以降年末までのできる限り早い時期ということになりましょう。

　地方裁判所は，裁判員候補者について，死亡したことを知ったとき，13条（裁判員の選任資格）に規定する者に該当しないと認めたとき，14条（欠格事由）の規定により裁判員となることができない者であると認めたとき又は15条1項各号（就職禁止事由のうち，三権分立の観点あるいは法律専門家排除の観点などの理由から規定されている事由）に掲げる者に該当すると認めたときは，最高裁判所規則で定めるところにより，裁判員候補者名簿から消除しなければなりません（23条3項）。

　地方裁判所が，どのような方法で，上記事由を知って裁判員候補者名簿から消除するのかということが問題となりえます。このうち，死亡，13条，15条1項各号の場合は形式的審査が可能ですので，市町村の選挙管理委員会からの通知（23条4項），裁判員候補者への通知後裁判員候補者（あるいはその親族等）からの

連絡等に基づき消除することが可能と考えられます。

　問題は，14条（欠格事由），ことに，義務教育と同等以上の学識を有するかどうか（1号），心身の故障のため裁判員の職務に著しい支障があるかどうか（3号）の場合です。これらの事由の該当性の有無を判断するにあたり，実質的審査が必要な場合もあります。そこで，この判断は慎重に行うべきであり，安易に消除すべきではないと考えられます。

　また，14条2号（前科）についても，どの段階でどのような資料に基づきチェックするのかが問題となりえます。仮に何らかの照会を行うにしても，プライバシーは慎重に取り扱わなければならないことは言うまでもありません。

　なお，地方裁判所は，その年に必要な裁判員候補者を補充する必要があると認めたときは，通常の場合と同様の方法で，裁判員候補者名簿の補充をします（24条）。

4　裁判員候補者への通知

　地方裁判所は，裁判員候補者名簿を調製したときは，記載された者にその旨の通知をしなければなりません（25条）。裁判員候補者名簿は毎年1月1日から活用されること，1月の早い時期に裁判員等選任手続を行う事件の場合には年内に新しい年の裁判員候補者に対して呼出状を送付する必要があることなどを考えれば，毎年末までのできるだけ早い段階で通知する必要があるでしょう。

　この通知の際には，単に裁判員候補者名簿に登載されたという通知だけでなく，例えば，裁判員ハンドブックなど，裁判員制度を紹介した文書等を同時に送付しておくと制度に対する理解と関心が高まると思われます。

　なお，通知を受けた人の中には戸惑いを感じる人や種々の疑問を抱える人も少なからず存在すると思われます。そこで，通知発送直後は，裁判所は，それらの問い合わせ等に対応する体制を整えておく必要があると思われます。

（西村）

Q22 裁判員制度対象事件の手続の流れはどのようになるのでしょうか。

参照条文 26条，27条

●ポイント

裁判員事件の場合，公判前整理手続を経た後，裁判員等選任手続が行われ，その後公判手続が行われます。通常，裁判員等選任手続終了直後に公判手続が開始されると予想されます。

1 裁判員裁判の場合の事件の流れの概要

裁判員裁判の場合，以下のように，公判前整理手続→裁判員等選任手続→公判手続という流れになります。

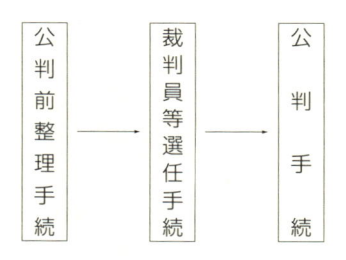

公判前整理手続 → 裁判員等選任手続 → 公判手続

裁判員事件の場合には，第1回公判前の公判前整理手続が必要的に実施されます（49条）。公判前整理手続では，証拠調べをする決定をした証拠について，その取調べの順序及び方法を定めること（刑訴法316条の5第8号），公判期日を定め，又は変更することその他公判手続の進行上必要な事項を定めること（同11号）などを行います。おそらくは，この公判前整理手続の終了段階において，第1回公判期日，証人の順序，開始予定時間，尋問見込み時間等が定められることになるとともに，職務従事予定期間（「裁判員等選任手続を行う期日から裁判員の職務が終了すると見込まれる日までの期間」――27条1項）も定められると思われます。また，第1回公判期日のみならず，同時に裁判員等選任手続期日も決定されるのではないかと思われます。

第1回公判期日が定められたときは，裁判所は，補充裁判員を置くか置かないか（置く場合はその員数）決定する必要があります（26条1項）。その決定を経た上，裁判所は，審判に要すると見込まれる期間その他の事情を考慮して，呼び

出すべき裁判員候補者の員数を定め，そのうえで，地方裁判所は，裁判員候補者名簿の中から呼び出すべき裁判員候補者をくじで選定しなければなりません（26条2項, 3項）。地方裁判所は，検察官及び弁護人に対しそのくじに立ち会う機会を与えなければなりません（26条4項）。

　なお，裁判所は，裁判員等選任手続期日を行う日を定めて，くじで選定された裁判員候補者を呼び出さなければなりませんが，「職務従事期間」において不適格事由等があると認められる裁判員候補者はこの限りではないとされています（27条1項）。

2　裁判員事件の場合の必要期間

　実務的には，公判前整理手続の終了段階において，以上のことが一括して決定されるのではないかと予想されます。

　即ち，公判前整理手続の終了段階において，裁判員等選任手続に必要な時間（例えば，半日）や予定される公判等の日数（例えば，評議等も含めて2日）が確定され，その日程が決定されます（職務従事予定期間とは，この場合2日半です）。裁判員等選任手続に必要な時間は，補充裁判員の員数等によっても変わってくるでしょうから，職務従事予定期間の決定時点においては，補充裁判員の員数等も決まっていると思われます。そして，呼出すべき裁判員候補者の員数を決定し，公判前整理手続の終了と同時に，検察官や弁護人の立会いの下，くじで裁判員候補者を選定し，速やかに呼出状等の送付手続に入ります。公判前整理手続の主宰者は当該審理を担当する「裁判所」であり，くじによる選定は「地方裁判所」であるので，くじをどのように行うのか（主に事務分担やくじの方法）の問題とはなります。ただ，検察官や弁護人にも立ち会う機会を与えるべきことからすれば，検察官や弁護人も立ち会っている公判前整理手続終了後，裁判員候補者名簿（磁気ディスク）を管理する部署に赴き，その場で選定するという方法などが予想されます。

　裁判員等選任手続の期日と裁判員候補者に対する呼出状の送達との間には，最高裁判所規則で定める猶予期間を置かなければならないとされています（27条4項）。どの程度の猶予期間が適当かが問題となります。あまりに短いと，既に予定が入っている裁判員候補者が多く，辞退が増える危険性があります。他方，あまりに長くても，裁判員候補者に，先の長い予定を空けておいてもらい続けなけ

ればならなくなり不都合でしょう。通常の事件の場合（2から3日程度で終了する事件）であれば，1カ月から1カ月半でしょうか。そして，1カ月か1カ月半先であれば，当事者も，一定程度の連日的開廷にも対応できるでしょう（少なくとも1週間程度までは可能でしょう）。

　以上要するに，通常の裁判員事件の場合には，公判前整理手続終了から約1カ月か1カ月半先に裁判員等選任手続期日及び公判期日が連続して実施されることになることが予想されます。

　なお，公判期日が長期間にわたる可能性がある例外的事件の場合は，例えば，連日ではなく週3日とか4日とする，早朝に裁判を始めて午後早くにその日の審理を終えるなど様々な工夫が必要でしょう。

（西村）

Q23 裁判員等選任手続期日の流れはどのようになるのでしょうか。

参照条文　29条〜39条

●ポイント

　裁判員等選任手続期日では，裁判員候補者への質問，裁判員の選任・不選任の決定などが行われます。

1　裁判員候補者としての呼出し

　具体的事件における裁判員候補者は，26条に基づき，裁判員候補者名簿の中からくじで選定され，呼出状が送付されます。裁判員等選任手続期日と呼出状送達の間には，必要な猶予期間が置かれます（27条4項）。裁判員候補者に対しては，呼出状以外にも，質問票が同時に送付される場合もあります。それら以外にも，ハンドブック等も送付すべきでしょう。

　裁判員等選任手続期日に呼出した裁判員候補者全員が出頭することが望ましいのですが，そうでない場合もあろうかと思います。しかし，対象者全員が出頭しなくとも，裁判員等選任手続を開始することはできる（全員の出頭が手続開始要件ではありません）と考えられます。

2　質問票の返送又は持参

　裁判所は，裁判員等選任手続に先立ち，必要な質問をするために質問票を用いることができます（30条1項）。裁判員等選任手続に「先立ち」とされていますので，上述のように事前に送付されることもあると思われますが，当日，裁判員等選任手続が開始される前に配布されることもありえます。裁判員候補者は，裁判員等選任手続の期日の前に質問票の送付を受けたときは，裁判所の指定に従い，当該質問票を返送又は持参しなければなりません（同条2項）。

3　裁判所への出頭

　呼出状を送付された裁判員候補者は，裁判所に出頭しなければなりません（29条1項）。アメリカでは，陪審員候補者待合室があることが通常ですので，日本でも，裁判員候補者待合室（法廷とは異なる）を設けた方が望ましいと思われます。出頭しますと，最低限，出頭の確認，質問票の回収，旅費・日当の受領手続

の説明等が行われることになると思われます。

　裁判員法上，裁判員候補者の出頭後，質問以外にどのようなことが行われるのか明記されていません。しかし，アメリカの陪審選定手続と同じように，出頭した後質問が行われるまでの間，裁判員候補者に対して，裁判制度の概要，裁判員制度の意義などについて，裁判官や書記官から説明したり，オリエンテーションビデオを見てもらったりなどの工夫を行うべきでしょう。もちろん，裁判員候補者から質問がなされれば，裁判官等は丁寧に答えるべきです。ここでなされるべき説明（あるいはオリエンテーションビデオの内容）としては，刑事裁判の概要，裁判の流れ，法廷の説明，裁判員の役割，刑事裁判の原則などがあります。

　また，仮に，質問票が当日配布される場合には，この場で，裁判員候補者が質問票の回答を記載することになります。

4　裁判員等選任手続の方式

　裁判員等選任手続は，弁護人の出頭は不可欠ですが，被告人は，裁判所が必要と認めるときに出席することができるにすぎません（32条）。

　裁判員等選任手続は公開されません（33条1項）。法廷で行われるのかどうかは明確ではありません。

　裁判員等選任手続には裁判所書記官の列席が必要です（32条1項）。書記官は，裁判員等選任手続調書を作成することになると思われます（その詳細は規則で規定されるでしょう）。また，裁判体の構成過程は重要事項ですから，裁判員等選任手続における発言，質問とその回答内容などは全て記録（速記など）に残すべきでしょう。

5　質問手続の方式

　質問手続の詳細はQ24を参照して下さい。

6　裁判員等選任手続の続行

　裁判所は，裁判員等選任手続の続行のため，新たな期日を定めることができます。この場合において，裁判員等選任手続の期日に出頭した裁判員候補者に対し当該新たな期日を通知したときは，呼出状の送達があった場合と同一の効力を有します（33条4項）。

　通常の事件の場合には，裁判員等選任手続に引き続き公判手続が開始されるこ

とが予想されますので，裁判員等選任手続期日のみならず，公判期日の指定や必要な証人の呼出し等も事前になされているでしょう。そこで，予定外に裁判員等選任手続が長引き，続行しなければならない場合には公判期日の延期という事態となります。そうなりますと，予定証人の尋問等に支障を来しますので，裁判員等選任手続の予定外の続行はできるだけ避けなければならないでしょう。

7 選任・不選任の決定

出頭した裁判員候補者のうち，理由のある不選任決定（34条4項，7項），理由を示さない不選任請求にかかる不選任決定（36条3項）によって不選任とされなかった者の中から，くじその他の作為が加わらない方法として最高裁判所規則で定める方法に従い，必要な員数の裁判員や補充裁判員の選任決定を行います（37条1項，2項）。この選任決定がなされた者以外で，上述の不選任決定がされなかった裁判員候補者については，別途不選任決定がなされます（37条3項）。なお，37条1項では，「出頭した」裁判員候補者の中から選任決定を行うと規定されているのに対し，同3項では，不選任決定の対象となる裁判員候補者について出頭の有無の限定はありません。このことからすれば，37条3項に基づく不選任決定の対象となる裁判員候補者は，出頭した裁判員候補者で他の規定に基づき不選任決定されなかった者だけでなく，27条1項に基づき呼出しされた裁判員候補者で出頭しなかった裁判員候補者（27条5項に基づき呼出しを取り消された者を除く）も含まれると考えられます。

8 宣誓等

裁判員や補充裁判員が決定された後，裁判長は，最高裁判所規則の定めるところにより，裁判員及び補充裁判員の権限，義務その他必要な事項を説明しなければなりません（39条1項。Q29参照）。また，裁判員及び補充裁判員は，最高裁判所規則で定めるところにより，法令に従い公平誠実にその職務を行う旨の宣誓をしなければなりません（同2項）。

（西村）

Q24 裁判員等選任手続期日で行われる質問方法はどのようなものになるでしょうか。

参照条文 34条

● ポイント
　様々な方法が考えられますが，裁判員候補者のプライバシーに配慮しつつ，的確な情報を得ることができる方法とすべきです。

1　裁判員法で決まっていること

　裁判員等選任手続期日における質問方法に関連して法で決まっていることは，裁判長が質問を行うこと，陪席の裁判官，検察官，被告人又は弁護人は，裁判長に対し，必要な質問を裁判長が裁判員候補者に対してすることを求めることができること，裁判長は，相当と認めるときは，裁判員候補者に対して，当該求めに係る質問をすること程度（34条参照）で，その他必要事項があれば規則で定められることになっています（40条）。

2　検討されるべき事項

　(1)　当事者からの求質問の方法　　上述の通り，当事者から裁判長に対し，必要な質問をするよう求めることができますが，いつ，どのような方法で行うべきなのか明確ではありません。時期的には，裁判員等選定手続期日の前でも当日でも可能とし，また，方法としては，文書でも口頭でも可能とすべきでしょう。

　(2)　質問の対象者　　質問の対象者が個々の裁判員候補者なのか，集まった裁判員候補者全員なのかという点は明確ではありません。おそらくは，質問内容によってかわってくるので，どちらでもよいことになるでしょう。

　(3)　不選任請求の時期・方法やくじの時期　　いつどの段階で，どのような方法で不選任請求を行うのかも明確ではありません。例えば，1人ずつ理由付不選任の請求や決定を行うのかどうか，裁判員候補者全員に対する質問が終了した後行うのかなどです。また，集まった裁判員候補者の中から最終的にくじで裁判員を選任することになりますが，このくじをどの段階で行うのかということも必ずしも明確ではありません。

3　モデルケース

　質問方法には様々な方法がありえますが，ここでは，2つのモデルケースを想

定します。いずれのケースでも，個々の裁判員候補者に対する質問及び回答は，他の裁判員候補者に聞こえないように工夫します（別室で行う，あるいは，法廷で雑音を流したり，小さな声で話すなど）

(1) モデルA（全員に対する個別質問——事後抽選——方式）

出頭した裁判員候補者全員に対し，検察官や弁護人が存在している状態において，裁判長が，一般的質問を行います（質問を記載した用紙を配布して，裁判長の説明を聞きつつ裁判員候補者がそれに記載して回答するということも考えられます。また，これとは別個に事前に質問票を活用するということも考えられます）。

その後，問題とされる事項を中心に，裁判員候補者1人1人に対する個別質問を行います。個別質問は，出頭した裁判員候補者全員に対して行います。

全員に対する個別質問が終了した後，職権による不選任決定や理由付不選任請求に基づく不選任決定を行い（辞退の申立てに基づく不選任決定を先行させてもよいと思います），その後理由なし不選任請求を行います。

不選任決定の告知はその後まとめて行いますが，不選任となった裁判員候補者については，職権による不選任なのか，理由付不選任請求に基づく不選任なのか，理由なし不選任請求に基づく不選任なのかわからないようにします。そして，残った裁判員候補者の中からくじで裁判員や補充裁判員を選任します。

(2) モデルB（一部に対する個別質問——事前抽選——方式）

出頭した裁判員候補者全員について一般的質問等を行うのはモデルAと同様ですが，その後まず，くじで個別質問の順番を決定します。

1番の裁判員候補者から順番に，問題とされる事項を中心に個別質問を行います。1人の裁判員候補者に対する個別質問が終了するごとに，辞退の申立てに基づく不選任決定，職権による不選任決定，理由付不選任請求に基づく不選任決定を行います（この時点では，裁判員候補者には，その決定結果を伝えません）。選任されるべき裁判員及び補充裁判員の数に当事者が行うべき理由なし不選任請求の数を合計した数の裁判員候補者の数が満たされた段階で（裁判員6人のみ選任する場合は，理由なし不選任請求の数8人——検察官及び弁護士4人ずつ——の合計14人に，理由付不選任決定等がなされた数），個別質問を終了します。その後，当事者が理由なし不選任請求を行い，残った裁判員候補者の中から番号の若い順に必要な裁判員及び補充裁判員とします。

（西村）

Q25 弁護人は，裁判員候補者について，いつ，どのような情報を知ることができるのでしょうか。

参照条文　　31条，72条

● ポイント
　弁護人及び検察官は，裁判員候補者の氏名については裁判員等選任手続期日の2日前までに，質問票の内容については，裁判員等選任手続が開始される直前に知ることができます。また，裁判員等選任手続期日における裁判長の質問に対する回答も重要な情報の一つです。

1　裁判員候補者の氏名

　裁判長は，裁判員等選任手続の期日の2日前までに，呼出した裁判員候補者の氏名を記載した名簿を検察官及び弁護人に送付しなければなりません（31条1項）。弁護人及び検察官は，このことを通じて，裁判員等選任手続の期日に呼出しされた裁判員候補者の氏名を知ることができます。

　名簿で明らかにされるのは氏名だけです。住所，生年月日，職業，性別等もわかりません。そこで，裁判所から送付された裁判員候補者の名簿を見て行えることは，事件関係者ではないのかどうかの確認程度だけではないかと思われます。

　名簿送付は，裁判員等選任手続の期日の2日前までとなっているので，理論上は，呼出状送付から裁判員等選任手続の期日の2日前までのいつでもよいことになります。しかし，氏名しかわからず，事件関係者かどうかの確認程度しか行えないとすれば，あまり早い開示は必要ありません。早い開示により，情報量や調査能力に圧倒的な差を有する検察官が，弁護人以上に，当該裁判員候補者に関する情報を収集することができるようになることだけは避けるべきです。

2　質問票の閲覧

　裁判長は，裁判員等選任手続期日の当日，裁判員等選任手続に先立ち，裁判員候補者が提出した質問票の写しを検察官及び弁護人に閲覧させなければなりません（31条2項）。

　このように，弁護人及び検察官が質問票に記載された質問に対する回答を知ることができるのは，裁判員等選任手続の開始直前になってからです。閲覧可能時点から裁判員等選任手続の開始時点までの間にどの程度の時間的余裕があるのかは不明です。しかし，できる限り早めの閲覧（仮に午前10時から手続が開始されるのであれば，たとえば，遅くとも午前8時すぎ以降には）が望ましいでしょう。また，質問票の写しを裁判員等選任手続が行われる場所に据え置き，質問の際に

閲覧できることなどの工夫も必要でしょう。

いずれにしても，質問票の回答を分析する時間は限られています。そこで，弁護人としては，予め，どのような人がどのような回答をする傾向にあるのか把握した上，質問票の写しを閲覧し，裁判長に対する質問請求（34条2項）や不選任請求（34条4項，36条）の是非を速やかに判断する必要があります。また，質問票に記載する質問を弁護人も求めることができる場合には，回答内容を速やかに分析できるよう工夫した質問を求める必要があります。

3 裁判長による質問

裁判員等選任手続においてなされる裁判長の質問に対する回答が不選任請求の重要な情報源となることは言うまでもありません。

4 質問結果等に基づく不選任請求

弁護人及び検察官は，13条，14条，15条，17条に掲げる事由に該当する裁判員候補者や不公平な裁判をするおそれがあると認めた裁判員候補者について，不選任の請求をすることができます（34条4項）。また，理由を示さず一定の人数の裁判員候補者の不選任請求もすることができます（36条1項）。

法の建前は，質問票による質問や裁判員等選任手続期日における裁判長の質問の趣旨は，理由を示さない不選任請求を行う前提となる情報収集が目的とはされていません。しかし，実際上，その質問に対する回答結果は，理由を示さない不選任請求を行うかどうかの重要な判断材料ともなりえます。例えば，当事者が，不公平な裁判をするおそれがあると判断して不選任請求したところ，裁判所がそのように判断しなかった場合には，その裁判員候補者について理由を示さない不選任請求までをすべきかどうかは，質問に対する回答結果次第ということになるでしょう。

5 守秘義務

何人も，裁判員，補充裁判員又は裁判員候補者若しくはその予定者の氏名，住所その他の個人を特定するに足りる情報を公にしてはいけません。裁判終了後は，本人の同意ある場合を除き同様です（72条）。そして，検察官や弁護人あるいは被告人が，正当な理由なく，被告事件の裁判員候補者の氏名，裁判員候補者の質問票への回答や裁判員等選任手続期日における陳述等をもらした時は1年以下の懲役又は50万円以下の罰金に処せられることがあります（80条）。

（西村）

Q26 裁判員候補者に対してはどのような質問がなされるべきでしょうか。

参照条文 30条, 34条

●ポイント

　裁判員候補者に対する質問としては，質問票による質問と裁判所における質問がありますが，質問の際には，特に，「不公平な裁判をするおそれ」の有無を判断することを目的とする質問内容や方法に工夫が必要です。
　当事者からの質問請求については原則的には採用し，「不公平な裁判をするおそれ」の有無の判断とはおよそ関係ないと考えられる質問のみ制限できると考えるべきです。

1　質問票に関して

　質問票では，裁判員候補者が，職務従事予定期間において，13条（裁判員の選任資格）に規定する者に該当するかどうか，14条（欠格事由）の規定により裁判員となることができない者でないかどうか，15条1項各号若しくは2項各号（就職禁止事由）又は17条各号（事件に関連する不適格事由）に掲げる者に該当しないかどうか及び16条各号（辞退事由）に該当するかどうか並びに不公平な裁判をするおそれがないかどうかの判断に必要な質問をすることになります（30条1項）。

　裁判員候補者は，裁判員等選任手続の期日前に質問票の送付を受けたときは，裁判所の指定に従い，当該質問票を返送し又は持参しなければなりません（30条2項）。また，虚偽の記載をしてはならず，虚偽記載をすると，罰金（81条）又は過料（82条）に処せられます。

　質問票を事前に送付するかどうかは裁判所の裁量とされています。しかし，裁判員等選任手続期日に一端呼出されたが，職務従事期間において13条から17条に該当すると認められるに至った裁判員候補者については，直ちに呼出しが取り消されなければなりません（27条5項）から，それらの事由の有無について尋ねる質問票が事前に送付されることが多いのではないかと推測されます。

　質問票の記載事項その他質問票に関する事項は最高裁判所規則で定められます（30条4項）。質問票の記載事項としては，抽象的には上記内容の質問をすることとされていますが，具体的にどのような事項とするか（特に，不公平な裁判をするおそれがないかどうかの判断に必要な事項）はこれからの課題です。

また，定型的な質問事項以外に，個別事件に対応した質問が行われる場合があります。不公平な裁判をするおそれがないかどうかの判断は個別事件の内容に応じて左右されるからです。この点，アメリカの陪審選定手続では，特に社会的に大きな注目が寄せられる重大事件の場合，相当詳細な質問事項が作成されています。我が国において，そこまで詳細な質問事項が必要かどうかはこれからの検討課題でしょうが，少なくとも，個別事件に対応した質問事項が認められるべきです。その質問の回答が，理由を示さない不選任請求の是非の判断資料となることもあります。

　この観点からすれば，裁判所だけで質問票を作成するのではなく，裁判所が質問票を送付する前に，裁判所が送付しようとしている質問票を検察官及び弁護人に閲覧させ，意見を聞くべきでしょう。また，裁判員等選任手続期日において裁判長に対して質問するよう求めることができることとのバランスからも，当事者からも必要な質問事項を求めることができるとすべきで，弁護人としても適切な質問の記載を求めるべきでしょう。その場合，裁判所は，「不公平な裁判をするおそれ」の有無の判断とはおよそ関係ないと考えられる質問のみ制限できると考えるべきでしょう。ただ，同じ質問であっても，質問票に記載するのではなく，裁判員等選任手続において口頭で聞いた方が望ましい場合もあるでしょう。

2　裁判所における質問

　裁判員等選任手続における裁判長の質問については，具体的にどのような質問をするのかは法律上明示されていません。しかし，質問票の場合と同じく，一般的な質問と個別事件に対応した質問が行われるべきでしょう。

　裁判長は，当事者からの質問要求があっても必ず質問しなければならないわけではなく，相当と認めるときに質問すればよいことになっています（34条2項）。ただ，裁判長よりも当事者の方が事件の内容を知っており，どのような事項が当該事件との関連で「不公平な裁判をするおそれがある」と考えられるのか裁判長以上に知りうる立場にあります。そこで，質問票の場合と同じく，当事者が求める質問は，およそ関係ないと思われる事項でない限り原則として採用すべきでしょう。弁護人としても，臨機応変に適切な質問を求めるべきでしょう。ただ，裁判員等選任手続で口頭で聞いた方が望ましい質問があるのと逆に，質問票で聞いておくべきであろう質問もありうるでしょう。

3　具体的質問例

　具体的な質問内容には工夫が必要でしょう。例えば，アメリカの場合,「家族や友人の中に警察官がいますか。」という質問がよくなされています。仮にこの質問に対してイエスと回答したとしても，そのことだけで「不公平な裁判をするおそれ」があると判断されることには一般的にはならないでしょう。しかし，例えば，警察官の証言の信用性が最大の争点になる場合には，その回答が，他の回答とあいまって，「不公平な裁判をするおそれ」の一判断資料になりうる場合もあると思われます。例えば，この質問に続いて，「警察官の証言でも，その信用性の有無について公正に判断することができますか」という問いがなされれば，それらの回答結果その他の状況から，「不公平な裁判をするおそれ」があると判断される場合もあるでしょう。

　また,「同種犯罪被害にあったことがありますか。」という質問も同様でしょう。この質問に続いて，例えば,「そのことが本件の審理に何らかの影響を与えますか。」といった質問を行うなどの工夫が必要でしょう。

〔西村〕

Q27 当事者に認められる不選任請求とはどのようなものでしょうか。

参照条文 34条〜36条

●ポイント

検察官や弁護人は,裁判員候補者について,理由を示した不選任請求と理由を示さない不選任請求をすることができます。

理由を示した不選任請求については,裁判所が不選任とするかどうか決定します。

理由を示さない不選任請求がなされた場合は,裁判所は,不選任決定をしなければなりません。

1 理由を示した不選任請求

検察官,被告人若しくは弁護人は,職務従事予定期間内において以下の事由が認められる場合に,裁判員候補者の不選任請求をすることができます(34条4項)。ただし,弁護人は,この請求をするにあたって被告人の明示した意思に反することはできません(同条5項)。

ア 13条(選任資格)に規定する者に該当しないとき

イ 14条(欠格事由)の規定により裁判員となることができない者であるとき

ウ 15条1項各号若しくは2項各号(就職禁止事由)若しくは17条(事件に関連する不適格事由)に掲げる者に該当するとき

エ 不公平な裁判をするおそれがあるとき

なお,これらの事由が認められるときは,裁判所は,当事者の請求を待たずに職権で不選任決定することもできます(辞退については34条7項参照)。

理由を示した不選任請求が認められなかった場合の異議申立等の手続については,Q28を参照して下さい。

2 理由を示さない不選任請求の趣旨及び意義

検察官及び被告人は,一定の人数の裁判員候補者について,理由を示さない不選任請求をすることができます(36条1項)。

理由を示さない不選任請求は,アメリカの陪審選定手続で認められている無条件忌避(Peremptory Challenge)と同様の制度です。つまり,裁判員等選任手続期

日に出頭した裁判員候補者の中から，当事者双方が，理由を示すことなく裁判員にならないよう（不選任とするよう）求めることができる制度です。裁判員法上は，裁判所の不選任決定という裁判所の決定を必要としていますが，裁判所は，当事者から不選任請求がなされた裁判員候補者については必ず不選任決定をしなければなりません（36条3項）。不選任決定するかどうかについて裁量の余地はありません。

なお，刑訴法21条2項が準用されています（36条4項）ので，弁護人は，被告人のため不選任の請求をすることができますが，被告人の明示の意思に反することはできません。

3 理由を示さない不選任請求の員数

(1) 原則　9人制合議体（裁判員6人）の場合は，検察官及び被告人，それぞれ4人ずつです。5人制合議体（裁判員4人）の場合は3人ずつです（36条1項）。

(2) 補充裁判員を置くとき　裁判員等選任手続において，補充裁判員を置くときは，検察官及び被告人が理由を示さない不選任の請求をすることができる員数は，それぞれ，前項に記載する員数に，選任すべき補充裁判員の員数が1人又は2人のときは1人（9人制合議体の場合は合計5人となります），3人又は4人のときは2人，5人又は6人のときは3人を加えた員数とされています（36条2項）。

また，補充裁判員を追加選任する際の補充裁判員選任手続における理由を示さない不選任請求の員数は，選任すべき補充裁判員の員数が1人又は2人のときは1人，3人又は4人のときは2人，5人又は6人のときは3人とされています（47条2項）。

4 不選任請求の方法

理由を示した不選任請求にせよ，理由を示さない不選任請求にせよ，その方法について裁判員法上は特段の規定はなされていません。書面または口頭のいずれでも可能とされると思われます。ただし，この不選任請求は，裁判員候補者の面前において行われないようにしなければなりません（33条3項）。

5 実際上の展開

　不選任決定の請求が裁判員候補者の面前において行われないようにしなければならないことから，裁判員候補者に聞こえないような形で不選任請求が行われます。順序としては，辞退に関する不選任決定がなされた後，職権による理由付不選任決定及び当事者からの理由付不選任請求に関する決定がなされ，最後に理由を示さない不選任請求がなされると思われます。

　なお，理由を示した不選任の請求を却下する場合は，その理由を示す必要がありますし（34条6項），異議の申立てが可能です（35条）。そして，異議の申立てがなされると，裁判員等選任手続が事実上中断してしまうことにもなります。そこで，そのような中断を最小限に押さえる実務上の工夫が必要となるでしょう。また，弁護人としては，理由を示した不選任請求が却下された後の異議の申立てが認められる可能性，異議申立て自体のメリット・デメリットなどを考慮しつつ，適切な対応が求められるでしょう

（西村）

Q28 理由を示した不選任請求が認められない場合はどのように対応すべきでしょうか。

参照条文　35条

● ポイント
　理由を示した不選任請求が認められない場合，対象事件が係属する地方裁判所に異議の申立てをすることができます。

1　理由を示した不選任請求に対する裁判所の対応

　理由を示した当事者の不選任請求に対して，裁判所は，その請求を認容して不選任決定を行うか，あるいはその請求を却下する決定を行います。

　請求を認容して不選任決定した場合，この決定は，訴訟手続に関する判決前の決定なので，その決定に不服ある当事者が抗告することはできません（刑訴法420条1項）。また，その決定に理由を附する必要はありません（刑訴法44条2項本文）。しかし，誰が裁判員となるのかは重要な判断です。ですから，その決定の前にできる限り当事者の意見を聞き，当事者の一方が反対する場合は理由を附するべきでしょう。

　また，職権で不選任決定をする場合も，請求を認容して不選任決定する場合と同様に，抗告できず，理由を附する必要もないことになります。しかし，少なくとも一方当事者が反対の意思を明らかにしている場合などは理由を附するべきでしょう。

　他方，請求を却下する決定に対しては，理由を附さなければなりません（34条6項）。

2　不服申立

　不選任請求を認める決定に対する抗告はできませんが，不選任請求を却下する決定に対しては，対象事件が係属する地方裁判所に異議の申立てをすることができます（35条1項）。

　異議の申立ては，当該裁判員候補者が裁判員又は補充裁判員として選任決定されるまでに，原裁判所に対し，申立書を差し出し，又は裁判員等選任手続において口頭で申立ての趣旨及び理由を明らかにすることによりしなければなりません

(35条2項)。実務上は，裁判員等選任手続期日において口頭による不選任請求とそれに対する却下決定，そして，直ちに口頭による異議申立てがなされることが多いでしょう。口頭で申立ての趣旨及び理由を明らかにした場合は，裁判員等選任手続調書に記載されるべきでしょう。

異議の申立てを受けた地方裁判所は，合議体で決定をしなければなりません（35条3項）。不選任請求を却下した決定に関与した裁判官は，前審関与を理由としてこの合議体に関与することはできません。

異議の申立てに関しては，即時抗告に関する刑事訴訟法の規定が準用されます（35条4項）。

しかし，即時抗告の規定の中には，その準用が考えにくい規定があります。例えば，即時抗告の期間は3日とされています（刑訴法422条）ので，不選任請求却下決定に対する異議申立ても，決定がなされてから最長限3日間可能ということに一応なります。しかし，他方，裁判員や補充裁判員の選任決定までの間に異議申立てしなければならないとされています（35条2項）。裁判員等選任手続は連続して行われ，短時間で終了することも多いでしょうから，実際上は，不選任請求が却下されると間髪入れず異議申立てを行い，その理由を明らかにする必要があるということになり，3日という猶予期間は無意味ということになります。強いて意味があるとすれば，裁判員等選任手続が比較的長期間行われる例外的場合のみということになるでしょう。

なお，異議申立ての全部又は一部を理由がないと認めるときは，原裁判所は，申立書を受け取り又は口頭による申立てがあったときから24時間以内に意見書を添えて，これを異議申立裁判所に送付しなければなりません（35条4項後段による刑訴法423条2項後段の読み替え）。

異議申立てが理由があると判断した場合は，地方裁判所は，不選任請求却下決定を取消し，当該裁判員候補者の不選任決定をすることになります。異議申立てに理由がないと判断した場合は，異議申立てを棄却します。

(西村)

Q29 裁判員，補充裁判員や裁判員候補者に対してどのような説明が行われるべきでしょうか。

参照条文　　39条1項

● ポイント

　裁判員，補充裁判員に対しては，法律上，裁判員や補充裁判員の権限や義務が説明されることになっていますが，それ以外にも，裁判の原則，裁判の流れなどについて，分かりやすい説明が丁寧に行われるべきです。また，裁判員候補者に対しても必要な説明が行われるべきです。

1　概要

　裁判員や補充裁判員の選任決定後，裁判長は，裁判員及び補充裁判員に対し，最高裁判所規則で定めるところにより，裁判員及び補充裁判員の権限，義務その他必要な事項を説明するものとされています（39条1項）。アメリカでも，陪審員が選定された後当事者の冒頭陳述が始まるまでに説示がなされていますが，同様のことがなされることになります。

　なお，アメリカでは，陪審選定手続の前に，陪審員候補者に対して，オリエンテーションビデオを放映する，裁判官や書記官から手続の流れなどについて説明されるなど陪審員候補者に対する説明（あるいは説示）などがなされています。裁判員候補者に対して同様のことを行うのかどうか裁判員法上は明確ではありませんが，裁判員等選任手続が始まるまでの間，あるいは，手続の冒頭において，裁判員候補者に対しても一定の説明がなされるべきと考えられます。

2　裁判員及び補充裁判員に対する説明

　裁判員及び補充裁判員に対して説明される事項は，権限や義務以外には，最高裁判所規則で定める必要な事項とされているにすぎません。しかし，アメリカの説示などを参考にすれば，権限や義務以外に，少なくとも以下の事項は説明されるべきでしょう。

　ア　裁判の原則（無罪推定の原則，「疑わしきは被告人の利益に」の原則，検察官の立証責任，検察官と弁護人の役割，予断排除の原則，主張と証拠の違いなど）

　イ　裁判の流れ

ウ　公訴事実の説明

　エ　当該事件の進行予定

　これらの説明は，裁判員等の選任決定がなされた後公判を開始するまでの間（宣誓の前と思われます）になされますが，場所などについては明確ではありません。しかし，裁判官の裁判員に対する説明内容は，裁判員の判断に重大な影響を与えます。それゆえ，説明は，裁判員等選任手続に引き続き，当事者が立ち会っている状況において行われるべきでしょう。

　また，事件によって，当事者において，裁判長から説明すべき事項について希望を有する場合もあるので，説明すべき事項を当事者が裁判長に求めることができるようにすべきでしょう。

3　裁判員候補者に対する説明

　裁判員候補者に対する説明としては，裁判員等選任手続を開始するまでの間と裁判員等選任手続の冒頭の2回行われてよいのではないかと思います。

(1)　裁判員等選任手続を開始するまでの間　　裁判所を初めて訪れる人も多いでしょうから，裁判員制度の意義や裁判の原則などについてわかりやすく説明すべきでしょう。アメリカでは，陪審員待合室においてオリエンテーションビデオを放映するなどしていますので参考にすべきです。

　なお，これらと合わせて，裁判員候補者名簿に記載された旨の通知や裁判員等選任手続期日への呼出状送付の際などに裁判員制度の説明などを記載したハンドブックなどを送付すべきでしょう。

(2)　裁判員等選任手続の冒頭　　裁判員等選任手続の冒頭においては，これから行われる手続がどのような意味を有するのかについての説明が必要です。また，繰り返し，裁判員制度の意義や裁判の原則などを説明することも必要でしょう。

（西村）

Q30 裁判員や補充裁判員が解任されるのはどのような場合ですか。

参照条文　41条

●ポイント
　裁判員等選任手続を経て裁判員及び補充裁判員に選任された後であっても，裁判員等の任務に就くことがふさわしくないことが判明した場合には，一定の手続を経て，当該裁判員等は解任されます。

1　解任事由

　41条1項では，以下のような事由が，請求あるいは職権による解任事由として規定されています。

　ア　裁判員または補充裁判員が，39条2項の宣誓をしないとき（1号）

　イ　裁判員が，52条（公判期日等）若しくは63条1項（判決宣告期日等）に定める出頭義務又は66条2項に定める評議に出席する義務に違反し，引き続きその職務を行わせることが適当でないとき（2号）

　ウ　補充裁判員が，52条に定める出頭義務に違反し，引き続きその職務を行わせることが適当でないとき（3号）

　エ　裁判員が，9条（裁判員の義務），66条4項（裁判長の示す法令解釈等に従う義務）若しくは第70条1項（評議の秘密保持義務）に定める義務又は66条2項に定める意見を述べる義務に違反し，引き続きその職務を行わせることが適当でないとき（4号）

　オ　補充裁判員が，10条4項において準用する9条に定める義務又は70条第1項に定める義務に違反し，引き続きその職務を行わせることが適当でないとき（5号）

　カ　裁判員又は補充裁判員が，13条（19条において準用する場合を含む。選任資格）に規定する者に該当しないとき，14条（19条において準用する場合を含む。欠格事由）の規定により裁判員若しくは補充裁判員となることができない者であるとき又は15条1項各号若しくは2項各号（就職禁止事由）若しくは17条各号（これらの規定を19条において準用する場合を含む。17条は事件に関連する不適格事由）に掲げる者に該当するとき（6号）

　キ　裁判員又は補充裁判員が，不公平な裁判をするおそれがあるとき（7号）

第2章　裁判員

ク　裁判員又は補充裁判員が，裁判員候補者であったときに，質問票に虚偽の記載をし，又は裁判員等選任手続における質問に対して正当な理由なく陳述を拒み，若しくは虚偽の陳述をしていたことが明らかとなり，引き続きその職務を行わせることが適当でないとき（8号）

　ケ　裁判員又は補充裁判員が，公判廷において，裁判長が命じた事項に従わず又は暴言その他の不穏当な言動をすることによって公判手続の進行を妨げたとき（9号）

2　誰が解任できるか

　以上のうち，1号から3号，6号又は9号に該当して解任する場合は，当該審理を担当する裁判所自身が解任できることになっています。それは，1号から3号あるいは9号は，当該事実の存否の認定が比較的容易であること，6号は，裁判員の資格要件等であるので，元来当該審理を担当する裁判所の判断事項であることなどが理由であると考えられます。これに対し，4号，5号，7号又は8号は，仮にこれに該当して解任しうると当該審理を担当する裁判所が判断しても，当該裁判所は解任することができず，別の合議体が解任の是非について判断して解任することになっています。このうち，4号，5号あるいは8号は，当該合議体の中で引き続き職務を続けさせることが適切であるかどうかという判断まで含みますので，当該合議体自身が解任するのは不適切という理由であると考えられます。7号については，裁判員等が選任されるまでの間は当該合議体自身が判断できる事項ですが，いったん同一合議体を構成した以上，同一合議体の構成員の一部（裁判官）が他の構成員（裁判員）について「不公平な裁判をするおそれがある」と判断して解任するのは不適切であるということが理由であると考えられます。

（西村）

Q31 解任はどのような手続で行われるのですか。

参照条文　41条〜45条

●ポイント
　解任には，請求に基づく解任，職権による解任，裁判員等の辞任申立てに基づく解任があります。

1　請求に基づく解任

　検察官，被告人又は弁護人は，裁判所（当該事件が係属している裁判所）に対し，Q30に記載した解任事由（アからケ）のいずれかに該当することを理由として裁判員又は補充裁判員の解任を請求することができます（41条1項柱書本文）。ただし，キ（41条1項7号）については，当該裁判員又は補充裁判員についてその選任の決定がされた後に知り，又は生じた原因を理由とするものに限られます（41条1項柱書ただし書）。

(1)　請求に対する決定　　裁判所は，解任の請求を受けたときは，以下の区分に応じた対応をしなければなりません（41条2項）。

①　請求に理由がないことが明らかなとき又は請求が41条1項ただし書の規定（7号の解任事由，すなわち不公平な裁判をするおそれがある場合は，当該理由を選任決定がされた後に知ったか又は生じた理由とするものに限定する）に違反してなされたものであるときは，当該請求を却下する決定を行います。

②　前述の41条1項1号から3号，6号又は9号に該当すると認めるときは，当該裁判員又は補充裁判員を解任する決定を行います。

③　その余の場合には，構成裁判官の所属する地方裁判所に当該請求に係る事件を送付しなければなりません。その場合としては，41条1項4号，5号，7号又は8号に該当すると認める場合あるいは該当しないことが明らかとはいえない場合，41条1項1号から3号，6号又は9号に該当すると認めることはできないが，該当しないことが明らかともいえない場合です。

　③により事件の送付を受けた地方裁判所は，合議体で審理しなければなりません。ただし，上記請求を受けた裁判所の構成裁判官は，前審に関与したわけではありませんが，その決定に関与することはできません（41条4項）。

事件の送付を受けた地方裁判所は，解任事由の1号から9号のいずれかに該当すると認めるときは，当該裁判員又は補充裁判員を解任する決定を行い（41条3項），認めないときは，請求を却下する決定を行うことになります。

当該審理を担当している裁判所であれ，事件の送付を受けた地方裁判所であれ，解任請求についての決定をするには，最高裁判所規則で定めるところにより，あらかじめ，検察官及び被告人又は弁護人の意見を聴かなければなりません（41条5項）。解任請求についての決定をする場合ですから，当該審理を担当している裁判所が事件の送付をするだけの場合には事前に意見を聴く必要はなく，事件の送付を受けた地方裁判所が意見を聴くことになります。

裁判員又は補充裁判員を解任する決定をするには，当該裁判員又は補充裁判員に陳述の機会を与えなければなりません。ただし，解任事由の1号から3号（宣誓しないこと，公判期日に出頭しないこと，評議に出席しないことなど当該事実の存在が明らかな場合）または9号（公判手続の進行を妨げたとき）に該当することを理由として解任する決定をするときには，その必要はありません（41条6項）。

また，当該審理を担当している合議体であれ，事件の送付を受けた地方裁判所であれ，請求を却下する決定には，理由を付さなければなりません（41条7項）。

なお，解任請求を認めてなされた解任決定に対する独自の不服申立はできず，控訴理由（解任事由が存在しないにもかかわらず存在すると判断したという訴訟手続の法令違反）となる余地があるだけです（ただし，判決に影響を及ぼす場合は少ないでしょう）。これは，当該裁判所とは異なる別の合議体が解任決定を行った場合や職権解任決定の場合も同様です。

(2) 異議の申立て　解任請求を却下する決定に対しては，当該決定に関与した裁判官の所属する地方裁判所に異議の申立てをすることができます（42条1項）。

異議の申立てを受けた地方裁判所は，合議体で決定をしなければなりません。ただし，解任請求を受けた裁判所（当該審理を担当している裁判所）の構成裁判官は，当該異議の申立てがあった決定に関与していない場合であっても，その決定に関与することはできません（42条2項）。すなわち，当該審理を担当している裁判所から事件の送付を受けた地方裁判所が解任請求を却下した場合には，当該審理を担当している裁判所の裁判官は，事件の送付を受けた地方裁判所の合議体に関与できない（41条4項）ので，当該審理を担当している裁判所の裁判官は，

この事件の送付を受けた地方裁判所の却下決定という前審に関与しないことになります。それ故，前審関与という観点からすれば，当該審理を担当している裁判所の裁判官は，事件の送付を受けた地方裁判所の却下決定に対する異議申立てに関与することが可能なように見えますが，42条2項ただし書の規定により，異議申立てに関与できないことになります。なお，当該審理を担当している裁判所が行った却下決定に対する異議申立てについては，当該審理を担当している裁判所の裁判官は，前審に関与しているという理由で，異議申立ての合議体に関与することはできません。

異議申立てに関しては，即時抗告に関する刑訴法の規定が準用されますが，刑訴法422条及び423条2項中の「3日」とあるのは「1日」と読み替えることになります（42条3項）。

2 職権による解任

Q30に記載した解任事由が存在する場合は，職権による解任も可能です。職権による解任には，当該審理を担当している裁判所自体が行う解任と当該審理を担当している裁判所が所属する地方裁判所の別の合議体が行う解任とがあります。

いずれの場合であっても，解任決定の前に，最高裁判所規則の定めるところにより，あらかじめ，検察官及び被告人又は弁護人の意見を聴かなければなりません。また，解任事由の1号から3号まで又は9号に該当することを理由として解任決定する場合以外，当該裁判員又は補充裁判員に陳述の機会を与えなければなりません（43条5項により41条5項，6項の準用）。なお，解任決定の場合には意見を聴く必要がありますが，（職権で）解任しない場合には意見を聴く必要はありません。

(1) 当該裁判所が行う解任　裁判所は，解任事由の1号から3号まで，6号又9号の事由に該当すると認めるときは，職権で，裁判員又は補充裁判員を解任する決定をします（43条1項）。

(2) 別の合議体が行う解任　当該審理を担当している裁判所が，解任事由の4号，5号，7号又は8号に該当すると疑うに足りる相当な理由があると思料するときは，裁判長は，その所属する地方裁判所に対し，理由を付してその旨を通知します（43条2項）。

この通知を受けた地方裁判所は，解任事由の4号，5号，7号又は8号に該当

すると認めるときは，当該裁判員又は補充裁判員を解任する決定をします（43条3項）。この決定は，合議体で行われなければならず，その合議体には，当該通知をした裁判所の構成裁判官は，前審には関与していませんが，その決定に関与することはできません（43条4項）。

当該通知を受けた地方裁判所が，上記事由に該当しないと認めるときにどのようにすべきかということは規定されていません。しかし，通知を受けた以上，何からの方法で，解任する決定を行わない旨記録に残しておくべきでしょう。ただ，そもそも，当事者にとって，当該審理を担当している裁判所がその所属する地方裁判所に通知をしたかどうかすらわかりません（通知したことを当事者に知らせた方がよい場合もあるかも知れません）ので，記録に残すかどうかは，当事者にとってはあまり意味がないかもしれません。

なお，7号については，当事者の請求による解任の場合は，当該裁判員又は補充裁判員についてその選任の決定がされた後に知り，又は生じた原因を理由とするものに限られています（41条1項柱書ただし書）。しかし，職権解任の場合には41条1項柱書ただし書のような限定はありません。そこで，当事者が，選任前に知っていた事由あるいは選任決定前に生じていた事由に基づき解任請求を行った場合，当事者の請求に基づく解任は却下されますが，職権に基づく解任を行うことは可能ということになります。

3 裁判員等の辞任申立てに基づく解任

裁判員又は補充裁判員は，裁判所に対し，その選任の決定がされた後に生じた16条7号（辞退事由の一事由）に規定する事由により裁判員又は補充裁判員の職務を行うことが困難であることを理由として辞任の申立てをすることができます。そして，裁判所は，この申立てがなされた場合において，その理由があると認めるときは，当該裁判員又は補充裁判員を解任する決定をしなければなりません（44条1項，2項）。

典型的な例としては，選任決定後父母等が突然死亡して葬式をしなければならない場合（16条7号ニ該当事由）が考えられます。また，例えば，選任決定後裁判員等が交通事故で重傷を負い，裁判所に出頭することが困難な状況に至った場合，当該裁判員が自ら辞任の申立てをすることができれば，辞任申立てに基づく解任が行われるでしょう。自ら辞任の申立てをすることができないほど重傷な場

合には，出頭義務を果たすことができないということで職権解任ということになると思われます。

　選任決定前の16条7号該当事由に基づく辞任の申立てはできません。しかし，選任前に一定の事由が生じていたとしても，その程度が進んだような場合（例えば，選任決定前に生じていた疾病が選任決定後悪化したような場合）などは，選任決定後に生じたものに該当すると考えられます。

　また，16条7号の事由に基づいてのみ辞任の申立てが可能なので，16条規定のその他の事由，たとえば，選任前に70歳であったとか，選任後70歳になった（16条1号該当事由）からといって辞任の申立てをすることはできません。

（西村）

Q32 裁判員や補充裁判員が審理開始後に選任される場合があるのですか。

参照条文　46条，47条

● ポイント
　裁判員の員数に不足が生じたときに補充裁判員が選任されている場合は，その補充裁判員の中から予め決められた順番で裁判員に選任されます。補充裁判員が選任されていない場合は，新たな裁判員選任手続が必要です。また，補充裁判員を新たに置く必要がある場合などは補充裁判員の追加選任も可能です。

1　裁判員の追加選任

　裁判所は，合議体を構成する裁判員の員数に不足が生じた場合において，補充裁判員があるときは，その補充裁判員の選任の決定において定められている順序に従い，補充裁判員を裁判員に選任する決定をするものとされています（46条1項）。

　裁判員の員数に不足が生じる場合としては，裁判員の解任や死亡の場合が考えられます。

　裁判員の員数に不足が生じた場合において，裁判員に選任すべき補充裁判員がないとき（たとえば，そもそも補充裁判員を選任していなかったとき，補充裁判員を選任していたが，裁判員の不足という事態が生じる前に補充裁判員全員が解任あるいは死亡していたときなどが考えられます）は，裁判所は，不足する員数の裁判員を選任しなければなりません（46条2項第1文）。この場合，38条の規定の準用（46条2項第2文）により，裁判員等選任手続を改めて行うことになります。

　裁判員が追加選任された場合は，公判手続を更新しなければなりません（61条1項）。更新の手続は，新たに加わった裁判員が，争点及び取り調べた証拠を理解することができ，かつ，その負担が過重にならないようなものとしなければなりません（同条2項）。審理に当初から参加していた補充裁判員が裁判員として追加選任される場合と，全く新たに裁判員が追加選任される場合とで，更新の方法が異なる（前者の場合の方が簡便になる）かもしれません。

　いずれにしても，補充裁判員が存在しないと，裁判員等選任手続を改めて行わなければなりませんので，相当期間裁判が中断することになります。また，審理

の途中から新たに参加しなければならなくなる裁判員の心理的負担も考慮する必要があります。そこで，補充裁判員を置くかどうかという公判当初の判断は重要です。

2 補充裁判員の追加選任

裁判所は，補充裁判員を新たに置き，又は追加する必要があると認めるときは，必要と認める員数の補充裁判員を選任することができます（47条1項）。

補充裁判員を追加選任する場合（新たに置く場合も含めて，便宜上追加選任と称します）も，裁判員の追加選任の場合と同様に，選任手続を改めて行うことになります（47条2項）。

補充裁判員を追加選任する場合としては，審理が予想以上に長引き，当初は審理期間中裁判員に故障が生じることがないと考えていたが，審理期間中そのような事態が想定されるに至った場合，補充裁判員を選任していたが，予想外に早い段階で裁判員の欠員が生じて補充裁判員が裁判員となり，補充裁判員が存在しなくなってしまった場合などが考えられます。しかし，補充裁判員の追加選任の場合も選任手続を改めて行わなければなりませんので，裁判員の追加選任の場合と同じような問題が考えられます。

なお，補充裁判員の追加選任の場合は，公判手続の更新は必要ないと考えられます（公判手続の更新を規定した61条1項に補充裁判員の文言はありません）。

（西村）

Q33 裁判員や補充裁判員の任務はいつ終了するのですか。

参照条文　45条，48条

●ポイント
　裁判員等の任務は，通常，判決言渡時点で終了します。

1　共通の任務終了事由

　裁判員及び補充裁判員に共通の任務終了事由は2つあります

（1）　終局裁判の告知（48条1号）　　終局裁判とは，その裁判所に係属中の事件の訴訟を終結する裁判のことです（『条解刑訴』66頁）。裁判員は1審に関与しますので，1審の終局裁判が告知された時点において，裁判員の任務が終了します。

　終局裁判のうち裁判員がその宣告期日に出頭しなければならないものとして63条1項に規定しているのは，刑事訴訟法333条の規定による刑の言渡しの判決（要は有罪判決），同法334条の規定による免除判決及び同法336条の規定による無罪の判決並びに少年法55条の規定による家庭裁判所への移送の決定です。これらについては，裁判員もその判断に参加し，原則としてその宣告まで立会い，その時点で裁判員の任務が終了することになります。

　裁判員がその宣告期日に出頭を要する必要がない終局裁判としては，管轄違いの判決（刑訴法329条），免訴判決（刑訴法337条），公訴棄却の判決及び決定（刑訴法338条，339条）があります。これらは，基本的には，形式的訴訟条件の存否等法令の解釈に係る判断あるいは訴訟手続に関する判断の結果行われるもので，裁判官のみが判断に関与することになります。裁判員は，その宣告期日に出頭しなくともよいことになっていますが，裁判員の任務としては，この終局裁判が告知されることによって終了することになっているので，裁判員も出頭のうえ判決宣告することも可能ですし，その方が望ましいでしょう。

　ただし，裁判員がその宣告期日に出頭を要する必要がない終局裁判のうち，たとえば，時効完成を理由とする免訴判決（刑訴法337条4号）の場合，一定の犯罪事実の認定を前提とする場合もあります（犯罪事実によって公訴時効が異なるため）。この認定は，裁判員も関与して判断すべき事項であるので，免訴判決の

前提として，裁判員もその判断に関与する場合があることになります。このような場合には，原則として裁判員もその判決宣告期日に出頭させるべきでしょう。

(2) 裁判員裁判ではなくなった場合（48条2号）　3条1項又は5条ただし書の決定により，裁判員も含めた合議体が取り扱っている事件のすべてを1人の裁判官又は裁判官の合議体で取り扱うことになったときには，その時点で裁判員の任務が終了します。

2　補充裁判員特有の終了事由

　裁判所は，補充裁判員に引き続きその職務を行わせる必要がないと認めるときは，当該補充裁判員の解任決定をすることができ（45条），その時点で，補充裁判員の任務が終了します。「引き続きその職務を行わせる必要がないと認めるとき」とは，たとえば，審理終了時点において，それまでの間裁判員に特に事故がなく，評議も裁判員だけで終了できる見通しができた場合などが考えられます。

　補充裁判員が複数存在する場合，裁判員に選任されるべき順序が定められること（37条2項）からすれば，補充裁判員の一部を45条に基づき解任する場合には，裁判員に選任される順序が遅い順に解任できると解すべきでしょう。

　最終評議が開始された後も補充裁判員を解任しない場合があります。その場合，補充裁判員は，その評議の傍聴をすることができます（69条1項）し，裁判官は意見を聴くこともできます（同2項）。補充裁判員を最終評議開始前に解任するかどうかは，評議の予定時間，評決権のない補充裁判員が評議に参加することの特質，審理終了まで付き合いながら肝心の評議を傍聴しえない補充裁判員の不満度などの事情を考慮して判断されることになりましょう。

3　解任の場合

　裁判員や補充裁判員が解任された場合には，その時点でその任務が終了することになります。

　　　　　　　　　　　　　　　　　　　　　　　　　　　　（西村）

Q34 公判前整理手続では何をするのですか。

参照条文　改正刑訴法316条の2〜316条の22

●ポイント
　裁判員裁判では公判前整理手続が必ず開かれ，証拠開示を行って，事件の争点や証拠を整理し，審理計画を定めます。

1　整理手続期日で行う事項

　裁判員裁判については，公判前整理手続が必要的に行われます（49条）。公判前整理手続の詳細は改正刑訴法が定めています。

　公判前整理手続は受訴裁判所が主宰し，弁護人がいなければ手続を行うことができないとされているので（改正刑訴法316条の4），弁護人は期日に必ず出席しなければなりません。被告人も出頭できます（同法316条の9第1項）。整理手続期日に行うことができる事項としては，同法316条の5が11項目を定めています。それは，①訴因又は罰条を明確にすること，②訴因又は罰条の追加，撤回又は変更，③主張を明らかにして事件の争点を整理する，④証拠調べ請求，⑤立証趣旨，尋問事項等を明らかにする，⑥証拠調べ請求に対する意見の確認，⑦証拠調べ決定又は請求の却下，⑧取調べの順序及び方法を決める，⑨証拠調べに関する異議の申立てに対する決定，⑩証拠開示に関する裁定，⑪公判期日の決定，変更，その他公判の進行上必要な事項の決定，です。

　公判前整理手続の目的は，一言でいえば，「充実した公判の審理を継続的，計画的かつ迅速に行うことができるよう」にすることであり（同法316条の3），この新しい手続の2大目標は，争点整理と審理計画の立案です。

　これら目標を達成するためには，検察官手持証拠の事前開示が不可欠の前提となります。そこで改正刑訴法は，全面的な証拠開示までには至らなかったものの，新たな証拠開示制度を設けました（同法316条の13以下）。証拠開示については，別項で詳しく紹介します。

2　証明力と密接な関係に立つ事項の取扱い

　公判前整理手続においては，前述のとおり，「証拠調べをする決定又は証拠調

べの請求を却下する決定をすること」ができるとされていること（刑訴法316条の5第7号），また裁判員裁判においても訴訟手続に関する判断は裁判官の権限とされていることから（6条），証拠能力の判断は，公判前整理手続において，裁判官だけによって行われます。またそのための事実の取調べも行なうことができます（刑訴法43条3項）。しかし，証拠の証明力の判断（事実の認定）は裁判員の権限でもあるので（6条1項），たとえば自白の任意性の判断とそのための事実の取調べなどのように，証明力と密接な関係に立つ事項は，裁判員のいる公判において行うべきであるというのが一般的な見方です。これに対して，証明力と密接な関係に立たない場合には，裁判員を混乱させないためにも，公判前整理手続で事実の取調べを行なっておくべきでしょう。

　公判前整理手続では，証拠開示等を繰り返し，争点を整理します。事件によっては公判前整理手続の期日が複数回開かれ，その間に当事者の主張や請求予定証拠が変わることもあるでしょう（改正刑訴法316条の21，22はそのような場合を想定しています）。

3　公判前整理手続の終了

　裁判所は公判前整理手続を終了する場合，当事者との間で，事件の争点，証拠の整理の結果を確認します（改正刑訴法316条の24）。それ以外にも，たとえば，裁判体の選択（裁判員6人・裁判官3人か，裁判員4人・裁判官1人か），各争点に関する当事者双方の立証計画，証拠の提示方法，証人の数と尋問時間，審理に要する日数，公判期日の指定，呼び出すべき裁判員候補者の数，補充裁判員の数，質問票の内容，選定手続における裁判員候補者に対する質問項目，などが整理手続において検討され，合意されることが望ましいでしょう。

　弁護人としては，多くの場合，裁判員選任手続期日と第1回公判期日は同日に開かれるでしょうから，公判前整理手続終了後それらの期日までの間に，裁判員選任手続，冒頭陳述，証人尋問，ケースによっては最終弁論まで準備しておく必要があります。

（四宮）

Q35 被告人は公判前整理手続にどのように関与するのですか。黙秘権はどうなるのですか。

参照条文 改正刑訴法316条の3・316条の4・316条の6・316条の9・316条の10

●ポイント

被告人は公判前整理手続に出頭する権利があります。出頭した場合，もちろん黙秘権は保障されます。

1 弁護人の出頭は必須

公判前整理手続は，被告人に弁護人がいなければ行うことができないとされています（改正刑訴法316条の4第1項）。公判前整理手続では，証拠開示，事実上・法律上の争点の整理，主張や証拠調べ請求，審理計画の策定，その他316条の5記載の事項など，法律専門家の援助が不可欠な訴訟行為や判断が求められるからです。したがって，公判前整理手続において被告人に弁護人がいないときは，裁判長は職権で弁護人を付さなければなりません（316条の4第2項）。

公判前整理手続期日は，被告人にも通知されますが（316条の6第2項），必ずしも出頭する義務はなく，出頭することは被告人の権利とされています（316条の9第1項）。ただし，裁判所は必要と認めるときは，被告人に対し，公判前整理手続に出頭するよう求めることができるとされています（316条の9第2項）。しかし，被告人がいなくても公判前整理手続は行えるとするのが法の建前であり，法文上も「命じることができる」ではなく「求めることができる」となっているので，勾引まではできないと思われます。

2 被告人が出頭する場合

被告人の出頭を求める場合とは，裁判所が弁護人の陳述または弁護人が提出する書面について，被告人の意思を確認する必要があると認める場合です（316条の10）。この場合，裁判所は，被告人に対して問いを発することができますが（同条の10），被告人が最初に出頭する期日において，被告人に対して黙秘権，供述拒否権の告知をしておかなければなりません（316条の9第3項）。公判前整理手続は準備目的の手続であって，公判期日ではありませんから，被告人に対して質問できる事項は，あくまで争点整理や審理計画の策定に必要な範囲に限られるべきで，決して実体的な事項に及んではならないと考えるべきでしょう。

なお，裁判所が，弁護人の陳述または弁護人が提出する書面について，被告人

の意思を確認する必要があると判断する場合，出頭まで求めずに，弁護人と被告人が連署した書面の提出を求めることもできます（316条の10）。

　以上のように，被告人が出頭する場合には，裁判所は黙秘権の告知をしなければなりませんし（316条の9第3項），質問も実体的な内容に及んではならないので，黙秘権侵害の問題はないと考えられます。

　もっとも，被告人又は弁護人は，公判前整理手続において，検察官から316条の14，同条の15にしたがって開示を受けるべき証拠の開示を受けた場合には，公判期日においてすることを予定している事実上及び法律上の主張があるときは，裁判所及び検察官に対し，これを明らかにしなければならないのですが（316条の17第1項），このこと自体，黙秘権を侵害するという考えもあります。しかし立法者は，被告人が自ら後に公判期日で主張する予定であるものを前もって開示するだけなので，自己に不利益な供述を強要すること（憲法第38条1項）にはならず，また終始沈黙し又は個々の質問に対し供述を拒むことができる権利（刑訴法311条1項）を侵害するものでもないと考えています。また，被告人又は弁護人は「公訴事実はすべて争う」という場合でもこの義務は果したことになるでしょう（Q37参照）。

（四宮）

Q36 新しい証拠開示制度はどんなものですか。また弁護人としてどう使えるのですか。

参照条文　改正刑訴法316条の13〜316条の27

◉ポイント

　公判前整理手続の目的は、「充実した公判の審理を継続的、計画的かつ迅速に行うことができるよう」にすることであり（改正刑訴法316条の3）、この新しい手続の2大目標は、争点整理と審理計画の立案です。

　これらの目標を達成するためには、検察官手持証拠の事前開示が不可欠です。そこで改正刑訴法は、全面的な証拠開示までには至らなかったものの、これまでの証拠開示と比較して、開示の①範囲、②時期、③法的性質を拡充しました。すなわち、証拠開示について、①その対象を検察官取調べ請求証拠以外にも拡大し、②第1回公判前に、③当事者の権利として創設しました。証拠開示は三段階に分かれています。

1　請求証拠開示

　事件が公判前整理手続に付されると、検察官から、証明予定事実を記載した書面が送付されます（改正刑訴法316条の13第1項）。また検察官は、証明予定事実を証明するために用いる証拠の取調べ請求を併せて行うこととされていますから（同条の13第2項）、証拠等関係カードも一緒に送付されてくるでしょう。また検察官は速やかに取調べ請求証拠を開示しなければならないので（改正刑訴法316条の14。「請求証拠開示」と仮称する）、弁護人としてはすみやかにその閲覧、謄写を行うことになります。この証拠開示は現在行われているもの（刑訴法299条1項）とほぼ同様ですが、証人等については氏名・住所だけでなく、公判期日において供述する内容が明らかになるものも開示しなければならないことになりました（改正刑訴法316条の14第2号）。

2　類型証拠開示

　弁護人は、これらの証明予定事実と開示証拠を検討した上、必要があると考えれば、さらに、取調べ請求証拠以外の証拠であっても、証拠開示請求できることになりました（「類型証拠開示」と仮称する）。すなわち、改正刑訴法316条の15第1項の各号に掲げる証拠の類型のいずれかに該当し、かつ、特定の検察官証拠の証明力を判断するために重要であると認められるものについて、証拠開示請求することができることになりました（同条同項）。いずれも類型的に開示の必要

性が高く，また開示による弊害は少ないと考えられるものです。法定された類型のうち，弁護人にとって注目されるのは，証人予定者（供述調書が不同意とされる場合を含む）の供述調書（316条の15第1項5号）と，検察官が直接証明しようとしている事実の有無に関する参考人の供述調書（316条の15第1項6号）でしょう。たとえば，検察官の主張と矛盾する内容を述べている供述調書があれば，この制度によって開示対象になります。

　類型の特定の仕方については，たとえば，「犯行状況の目撃者の供述証拠」，「犯行現場から押収された証拠物」という程度で足りるとされています。したがって被告人・弁護人が特定の目撃証人の供述証拠の存在を知らない場合であっても，弁護人からこの請求があれば，検察官は「その重要性の程度その他の被告人の防御の準備のために当該開示をすることの必要性の程度並びに当該開示によって生じるおそれのある弊害の内容及び程度を考慮し，相当と認めるときは，速やかに」開示をしなければなりません（316条の15第1項）。

　検察官が開示に応じない場合には，弁護人は裁判所に開示命令の請求をすることができます（316条の26）。この場合，重要な制度は，裁判所が必要と認めるときは，「検察官に対し，その保管する証拠であって，裁判所の指定する範囲に属するものの標目を記載した一覧表の提示を命ずることができる」とされたことです（316条の27第2項前段）。証拠のリスト開示が一部ですが導入されたことになります。ただ，このリストは弁護人にも開示はされません（同条の27第2項後段）。裁判所に請求が容れられなかった場合には即時抗告ができます（316条の26第3項）。

3　弁護側の主張の提示等

　弁護人としては，これら検察側からの請求証拠開示，類型証拠開示を受けて，証拠を検討したうえ，検察官の証拠調べ請求に対する弁護人の意見を明らかにします（改正刑訴法316条の16）。また，弁護側の証明予定の事実その他公判期日においてすることを予定している事実上，法律上の主張があるときは，これを裁判所と検察官に明らかにしなければならず，かつ，その証明のための証拠の取調べを請求しなければなりません（316条の17）。公判前整理手続で事実上，法律上の主張をしなかった場合，公判で主張することまでは制限されませんが，証拠の取調べ請求をしなかった場合は，やむを得ない事由によって請求できなかったものを除き，公判前整理手続が終わった後は証拠調べを請求できないこととなりましたので，注意が必要です（316条の32）。ただし，被告人の防御権，真実発見の要請等から，やむを得ず請求できなかった場合の証拠調べ請求と，裁判所による職

権証拠調べの余地は残しています（316条の32第2項）。公判前整理手続で主張提示義務，証拠調べ請求義務が定められたことについてはQ37を参照してください。

4 主張関連証拠開示

弁護側が主張を提示した場合，弁護人は，自らの主張に関連すると認められる証拠は，請求証拠あるいは類型証拠以外のものであっても，さらに証拠開示を請求できます（改正刑訴法316条の20第1項。「争点関連証拠開示」と仮称する）。この開示請求があった場合，検察官は，関連性の程度その他の被告人の防御の準備のために当該開示をすることの必要性の程度並びに当該開示によって生じるおそれのある弊害の内容及び程度を考慮し，相当と認めるときは，速やかに開示をしなければなりません（316条の20同項）。

検察官が開示に応じない場合に開示命令の請求ができ，決定に対して即時抗告できることは他の証拠開示の場合と同様です（316条の26，同27）。

5 活用の可能性

このように，改正刑訴法は，充実した迅速な公判を実現するために，公判前整理手続において新しい証拠開示制度を創設しました。この制度は，いわゆる事前全面証拠開示ではありませんが，弁護人が「防御の準備のために当該開示をすることの必要性の程度」を効果的に主張することによって，幅広い検察官による開示や裁判所による開示命令を引き出す可能性を秘めていると思われます。とくに裁判員裁判では，証拠開示をめぐる紛争を裁判員のいる公判手続に持ち越すことは絶対に避けなければなりませんから，弁護人の努力によって，証拠開示の充実した運用はかなり期待できると思われます。

（四宮）

Q37 弁護側の主張と立証の請求はいつ，どのように行うのですか。

参照条文　改正刑訴法316条の17・316条の32

●ポイント

弁護側は，証明予定事実その他公判期日において主張することを予定している事実上及び法律上の主張がある場合には，公判前整理手続において裁判所，検察官に明らかにしておく必要があります。またそのための証拠調べ請求もしておく必要があり，原則として公判になってからの証拠調べ請求は認められなくなります。

1　被告人・弁護人の主張提示義務と証拠調べ請求義務

公判前整理手続で充実した争点整理と審理計画の策定を行うため，新しい証拠開示制度の創設と併せて，被告人側に主張提示義務と証拠調べ請求義務が創設されました。

すなわち，被告人又は弁護人は，検察官から，請求証拠及び類型証拠の開示を受けた後，公判期日において主張することを予定している事実上及び法律上の主張があれば，公判前整理手続において，裁判所と検察官に明らかにしなければならないとされました（改正刑訴法316条の17第1項）。またその主張を証明するための証拠調べ請求もしておかなければなりません（同条第2項）。

弁護人として留意しなければならない点は，公判前整理手続において証拠調べ請求を行わなかった場合には，公判になってからいわゆる「証拠制限」があることです。すなわち，公判前整理手続に付された事件（裁判員裁判はすべてこの事件に該当します）については，公判前整理手続において請求しなかった証拠は公判で証拠調べ請求することができません（316条の32第1項）。例外は，①やむを得ない事由によって公判前整理手続において請求できなかったもの（同条同項）と，②裁判所の職権証拠調べです（同第2項）。しかし，いずれもそう簡単には認められないと考えておくべきでしょう。

公判前整理手続において明らかにしなかった事実上及び法律上の主張については，証拠調べ請求と異なり，いわゆる「主張制限」は設けられませんでしたが，証拠調べ請求は制限されますので，公判になってから新しい事実上及び法律上の主張をすること自体禁止されなくても，立証できないことがあることに注意してください。

2　公判戦略の見通しを

　被告人・弁護人が事実上及び法律上の主張を公判前整理手続で行うことを義務付けられたことには異論があるかもしれません。しかし新たに設けられた被疑者国選弁護活動や証拠開示制度を通じ，弁護側の公判戦略の見通しを立てることは，従前に増して容易になるのが大多数の事件でしょう。そして弁護側の主張は，多くの場合，公判が始まってから主張するより，事前に十分準備し，主張関連証拠開示制度も活用して，公判審理の冒頭で裁判員に具体的に訴える方がはるかに理解されやすいでしょう。

　もちろん被告人と十分なコミュニケーションが取れない場合などの例外的なケースでは，主張を見出したり，組み立てること自体が困難な場合もあり得ます。そのような場合，弁護人としては，公判前整理手続においては，事実関係は「すべて争う」とし，検察官はその前提で立証計画を立てることになります。争点整理とは争点の限定を意味するものではなく，また手続上の制裁は，お互いの合意の上でできあがった審理計画を後から守らなかった場合に始めて問題になるものだからです。

　ただし，開示証拠の十分な検討など事前準備を経て，弁護人として被告人に有利な主張（とりわけ違法阻却，責任阻却の主張）が組み立てられる場合には，やはりできる限り整理手続で主張しておくことが被告人の利益になるケースが多いと思われます。なぜなら，公判になってから新しい主張をすると，多くのケースでは審理が冒頭から中断し，裁判員に理解してもらいにくくなる可能性があり，被告人の利益に沿って裁判員の理解を得るという，弁護人としての最終目標を達成できないおそれがあるからです。しかし，たとえば，起訴状における共謀の日時・場所等の記載が不特定で，弁護側がアリバイを主張しにくい場合などでは，弁護側が公判前整理手続で十分な事実上，法律上の主張をすることが困難な場合もありうるでしょう。したがって，そのようなことがないよう，起訴状における訴因の特定についても，従来とは異なる記載や釈明等が求められることになると思われます。

（四宮）

Q38 鑑定はいつ，どのように請求するのですか。

参照条文 50条

●ポイント
　裁判員裁判においては，鑑定に相当の期間を要すると認められるときは，公判前整理手続において鑑定手続実施決定ができ，鑑定の経過及び結果の報告以外の手続を行うことができます。

1 公判前整理手続と鑑定

　鑑定は，鑑定人の選任，宣誓，鑑定の実施，鑑定人の証人尋問など，長い時間がかかることも珍しくなく，裁判長期化のひとつの原因になっていました。しかし裁判員裁判において，従来のように，公判が始まってから鑑定のために長期間審理を中断することは，裁判員に負担がかかるばかりでなく，充実した審理を阻害することにもなりかねません。

　そこで裁判員法は，裁判員を召喚する前の公判前整理手続において鑑定を行うことを決定した場合には，鑑定手続を公判前整理手続において行えるようにしました（50条1項）。

　アメリカの陪審裁判などでは，裁判所の鑑定が利用されることはむしろ稀で，陪審公判が始まるまでの間に，両当事者が専門家に鑑定を依頼し，証拠化し，事前準備で相手方に開示して，争点と証拠の整理をしておきます。陪審員が参加する公判では，専門家証人が，すでに実施した鑑定に基づいて陪審員の前で証言する形で，鑑定結果を証拠として提供するのです。

　50条は裁判所が行う鑑定に関する規定ですが，同じ発想に立ったものと考えられます。したがって，弁護人として裁判所に鑑定請求をする場合には，公判前整理手続において鑑定請求を行い，裁判所の採用決定を得た上で，鑑定人の選任，宣誓を行うことになります。しかし，鑑定の経過と結果は，まさに証拠になりますから，その報告を公判前整理手続で取り扱うことは相当ではなく，その信用性を判断する権限をもつ裁判員がいる公判廷で行うこととされています（50条1項，3項）。

　たとえば，被告人の着衣の血痕について，捜査段階で鑑定嘱託が行なわれ，鑑定書がある場合，その信用性に疑問を持つ弁護人は，公判前整理手続において鑑定を請求し，裁判所が採用すれば，公判前整理手続において鑑定人の選任と宣誓を行い，裁判所が着衣について鑑定処分許可状を発布して，鑑定人に鑑定しても

らい，その間は，公判前整理手続を中断し，鑑定が終了した段階で，公判前整理手続を再開することになるでしょう。また捜査段階で被告人の精神状態について簡易鑑定がある場合，弁護人として精神鑑定を請求する場合もあるでしょう。その場合，鑑定人はどの範囲で証拠を見ることができるかは問題ですが，証拠調べをしていない段階であり，当事者に異議のない資料に限られるものと考えるべきでしょう。

2　鑑定請求の手続など

いずれの場合でも，裁判所が鑑定の必要性を判断するために，裁判官は当該嘱託鑑定書等の内容を読むことがあるかもしれません。その場合でもそれらの証明力はあくまで裁判員も加わって判断されるべきことはもちろんです。

ケースによっては，公判での審理が進んだ段階で，鑑定が必要と判断される場合もあるでしょう。そのような場合については，Q49を参照してください。

50条は裁判所が行う鑑定に関する規定ですが，当事者が嘱託を行い，専門家の意見を求める鑑定嘱託についても，50条の精神が妥当すると考えられます。しかも公判前整理手続において請求可能であったのに請求しなかった場合には，原則として同手続が終わった後には証拠調べ請求することができなくなります（改正刑訴法316条の32）。したがって，専門家の意見を証拠として請求する場合にも，公判前整理手続までに専門家の意見を用意しておくことが必要になります。

なお，裁判所が行う鑑定の請求も証拠調べ請求のひとつですから，公判前整理手続において請求可能であったのに請求しなかった場合も，原則として証拠制限の適用がありますので，注意してください。

（四宮）

Q39 証拠能力はいつ，だれが，どのように判断するのですか。

参照条文 6条2項，60条，改正刑訴法316条の5第7号

●ポイント
　証拠能力は裁判官が，そして裁判官だけが判断権限を有しています。証拠決定は公判前整理手続において行うのが原則です。例外的に証拠能力の判断と信用性の判断が密接にリンクする場合には，裁判員が立ち会う公判手続において審理判断されることもありえます。

1　裁判官の合議による証拠能力判断

　証拠能力の判断は「訴訟手続に関する判断」ですから，構成裁判官の合議によって判断されます（6条2項）。つまり裁判員にはその判断権限はありません。それゆえ裁判員裁判においても，裁判員が参加していない公判前整理手続において「証拠調べをする決定又は証拠調べの請求を却下する決定をすること」ができるとされています（改正刑訴法316条の5第7号）。
　したがって，書証が伝聞証拠であるかどうか（刑訴法320条1項）などは，公判前整理手続の段階で裁判官によって判断されます。
　しかし，二つの点で問題があります。第1は，証拠能力の判断と信用性の判断が密接に関連している場合であり，第2は，証拠能力の有無の判断が有罪・無罪の判断を直接左右してしまう場合です。

2　任意性や特信性に関する判断

　第1の場合は，証拠能力の判断は裁判官の権限ですが，証拠の証明力の判断（事実の認定）は裁判員の権限でもあること（6条1項）から問題になります。つまり，証拠能力の判断が証明力の判断と密接な関係に立つ場合，たとえば自白の任意性の判断とそのための事実の取調べの場合などは，信用性判断の権限がある裁判員が出席している公判審理において行うべきではないか，という問題です。
　アメリカの陪審裁判では，裁判官と陪審員の役割分担が明確で，自白の任意性については公判前の準備手続で裁判官が事実調べも行い証拠決定を行います（州によっては陪審にも任意性の判断を認めるところもあります）。もし任意性に疑いがないとして証拠能力が認められた場合には，弁護側は公判で，陪審員の前で，信用性を争うための事実調べを行うことになります。裁判員制度では，裁判官も信用性判断に参加しますので，証人を二度召喚するアメリカのような運用は疑問

とする意見が強くあります。

　そこで，裁判員裁判における自白の任意性の判断については，公判手続において，裁判官と裁判員の前で事実調べを行うべきだという考えが一般的です。60条が，裁判員が関与しない判断に関する審理にも裁判員を立ち会わせることができると規定したことは，このような場合を想定したものと思われます。このような場合には，裁判員を単に立ち会わせるだけでなく，裁判員から意見を求めることも許されます（68条3項）。

　また，321条1項2号後段書面のいわゆる特信性の判断とそのための事実の取調べは，公判における供述との相反性が問題になる場合ですから，裁判員が出席している公判手続において初めて問題となる場合です。この場合も自白の任意性と同様，裁判員の立会いの下で審理することになりますし，まさに「前の供述を信用すべき特別の状況」を判断するのですから，最終的な採否の判断は裁判官だけで行うとしても，信用性について判断権限を持つ裁判員とともに意見交換することが望ましいといえるでしょう。

3　違法収集証拠に関する判断

　第2の問題は，証拠能力の有無の判断が有罪無罪の判断を直接左右してしまう場合です。たとえば，薬物所持事件において違法収集証拠排除の申立があった場合がその典型です。このようなケースでは，公判前整理手続において裁判官が証拠排除の判断をするか否かによって，裁判員の判断は決まってしまいます。そこで，このようなケースでも，事実の取調べは公判手続において行うべきであるとの意見もあります。さもないと，裁判員が参加する意義が重要な部分で失われてしまうからです。

（四宮）

Q40 争いのない事実の立証はどのように準備するのですか。

参照条文 51条

●ポイント
　争いのない事実は，合意書面などを活用し，裁判員に分かりやすい立証を工夫すべきです。

1　口頭主義・直接主義の徹底

　従来は，争いのない事実は，その事実が記載された書面に対して同意の意見を述べ，請求した当事者がその要旨を告知して，裁判官が後からその書面を閲読する方法で，証拠調べが行われていました。

　裁判員制度では，裁判員が主体的・実質的に参加できることがその生命線ですから，公判廷において裁判員が主体的・実質的な意見形成（心証形成）できるようにするため，裁判員法は，「裁判官，検察官及び弁護人は，裁判員の負担が過重なものとならないようにしつつ，裁判員がその職責を十分に果たすことができるよう，審理を迅速で分かりやすいものとすることに努めなければならない」（51条）と定めました。裁判員制度が成功するためには，裁判員が法廷で心証を採れることが不可欠であり，裁判員には，職業裁判官とは異なって記録を再検討することが予定されていないということは，法曹三者を通じ，ほぼ共通認識になってきています。これは，いわゆる口頭主義，直接主義が実質化し，徹底されることを意味します。その結果，争いのない事実に関して調書などを多用してきた従来の実務は抜本的に改められる必要があるでしょう。

　同意書証も，その書証が簡明でビジュアルなものである場合などには，まだ利用される場合もあるでしょうが，原則として，同意書証を要旨の告知で取り調べるという方法は，抜本的に見直される必要があるでしょう。なぜなら，裁判員制度では，裁判員による記録の読み返しは予定されておらず，法廷で耳で聴いて心証を採る必要がありますから，朗読されなかった部分も証拠となる「要旨の告知」という取調べ方法は，もはやありえないはずだからです。告知されなかった部分を後から裁判員全員が閲読することは予定されていないのです。

2　争いのない事実の立証方法

　では，争いのない事実はどのように立証すべきなのでしょうか。①重要な供述は証人で行う，②検証調書などはビジュアルなものとする，③争いのない事実に

ついて簡潔で分かりやすい合意書面（刑訴法327条）を作成し朗読する，等の工夫がなされるべきでしょう。あるいは，当事者が協議のうえ，冒頭陳述を工夫することによって，争いのない事実を分かりやすく裁判員に伝えることも検討されてよいでしょう。

　いずれにしろ裁判員対象事件の約80％は事実に争いのない事件が占めるので，争いのない事実の証拠調べ方法については，なお研究すべきことが多く残されています。
　　　　　　　　　　　　　　　　　　　　　　　　　　　　　　　（四宮）

Q41 その他公判前整理手続で行っておくべきことは何ですか。

参照条文　　改正刑訴法316条の5

●ポイント
　公判前整理手続で行いうることは改正刑訴法316条の5が規定していますが，適法，適正，相当である限り，充実した公判審理を適法かつ適正，継続的，計画的，迅速に行うことに資することは行うことができると考えるべきでしょう。

1　公判前整理手続の目的

　公判前整理手続の目的は，「充実した公判の審理を継続的，計画的かつ迅速に行うことができるよう」にすることであり（改正刑訴法316条の3），この新しい手続の2大目標は，争点整理と審理計画の立案です。この目的に奉仕できる事項は，適法，適正，相当である限り，何でも行いうると考えることが妥当でしょう。

　裁判所は公判前整理手続を終了する場合，当事者との間で，事件の争点，証拠の整理の結果を確認します（同法316条の24）。それ以外にも，たとえば，裁判体の選択（裁判員6人・裁判官1人か裁判員4人・裁判官1人か），召喚すべき裁判員候補者の数，補充裁判員の数，質問票の内容，選定手続における裁判員候補者に対する質問項目，罪体審理と量刑審理の二分をどう実質化するか，法廷における証拠の提示方法としてどんな機材を使用するか等が，整理手続において裁判所と当事者の間で検討され，合意されることが望ましいでしょう。

2　最終弁論までの準備を

　弁護人としては，とくに約80％を占めるであろう自白事件では，裁判員選任手続期日と第1回公判期日は同じ日に開かれるケースが多いでしょうから，公判前整理手続終了後それらの期日までの間に，裁判員選任手続，冒頭陳述，証人尋問，ケースによっては最終弁論まで準備しておく必要があるでしょう。

　　　　　　　　　　　　　　　　　　　　　　　　　　　　　　（四宮）

Q42 勾留中の被告人は，どんな格好で出廷し，どこに座るのですか。

参照条文 裁判所法71条，刑訴法288条2項，

●ポイント
　裁判員制度においては，裁判員に対して被告人が犯人であるかのような予断を与えることはできるだけ避けるべきであり，裁判員の前では，手錠，腰縄，サンダル履きなどの従来の服装は改められるべきです。また，勾留中の被告人といえども検察官と対等の当事者であることをより明確にするため，弁護人の隣に座るべきであり，被告人の両側に監獄職員が付く従来のサンドイッチ方式の戒護は改められる必要があります。

1　予断・偏見を排除するための工夫

　従来の法廷では，勾留されている被告人は，裁判官の入廷前に，手錠・腰縄で入廷し，しかもネクタイ，ベルトと靴の着用はできませんでした。裁判官が入廷後，拘置所もしくは警察署の職員（以下「監獄職員」）が被告人の手錠を解錠し，腰縄を解いて，その段階で裁判官が「開廷」を宣言するのです。また手錠，腰縄を解かれ，開廷後も，勾留中の被告人は，弁護人席の前もしくは裁判官席の正面に，両側から複数の監獄職員に挟まれる形で座っています。

　裁判員は，無作為に選ばれ，1回だけ審判に関与するのですから，できる限り予断や偏見に結びつく可能性のある事柄は排除することが，公正な裁判員裁判にとって重要でしょう。法廷傍聴などの経験から明らかなことですが，一般の市民は，被告人が手錠・腰縄で入廷するシーンに一番大きなショックを受けています。

　法廷における秩序の維持は，裁判長又は開廷をした一人の裁判官が行いますし（裁判所法71条1項），裁判長は，法廷の秩序を維持するため相当の処分をすることができます（刑訴法288条2項。なお裁判所法72条，法廷等の秩序維持に関する法律2条参照）。法廷警察権です。他方で，監獄職員には，戒護権（被収容者の身体を確保して，監獄の安全と秩序を維持するための直接強制力を伴う措置を採ることができる権限。合田悦三「法廷秩序（1）」平野龍一・松尾浩也編『新実例刑訴法II』〔青林書院，1998年〕385頁）があるとされています。そして，法廷警察権と戒護権の関係については，開廷後の法廷など法廷警察権が行使されうる状況では，戒護権はなお存在するものの，法廷警察権が優先される結果，その行使が制限されると考えられています（合田・前掲387頁）。

　ところで，被告人の服装は，人格権の一部として，法廷の秩序を阻害しない限

り，基本的に自由であるべきでしょう。被告人の身体問題について，「裁判長は，被告人を在廷させるため，（中略）相当な処分をすることができる」（刑訴法288条2項）のですから，被告人の法廷内での服装の制約も，裁判長の権限に属するものと考えられます。ですから，裁判長は，裁判員に予断や偏見を与えないようにするため，裁判員の前では被告人が通常人の服装（私服）で，ネクタイやベルトを着用し，手錠や腰縄なしに在廷できるよう，権限を行使すべきでしょう。国際基準とされた無罪推定原則（世界人権宣言11条，市民的及び政治的権利に関する国際規約14条2項）に照らしても，犯人であるかのような印象を与える服装を強制すべきではありません。

したがって被告人は，裁判所に到着した後，法廷外で私服に着替えることができるようにすべきです。また手錠，腰縄については，これらを解いてから入廷するか，手錠，腰縄を解いた後，裁判員が入廷するようにするなどの工夫をすべきでしょう（必要があれば裁判官が先に入廷し，手錠，腰縄を解いた後，裁判員を迎え入れるなどの方法も考えられます）。退廷時にも同じ配慮が必要です。

2　当事者にふさわしい被告人の着席位置

さらに開廷後の被告人の着席位置と座り方ですが，法廷では被告人は，裁判の対象ではなく，あくまで検察官と対等な当事者ですから，当事者に相応しい着席方法を採用すべきです。したがって弁護人の隣に着席することを認めるべきでしょう。従来のように，被告人の両脇を監獄職員が固める座り方（いわゆるサンドイッチ方式）は，裁判員にとって，被告人は検察官と対等な当事者であるとの認識を阻害する要因となります。また法廷の内と外とでは戒護の必要性，程度も自ずと異なります。法廷内では，監獄職員は，法廷の出入り口，傍聴席との境界付近等に待機することで，法廷における戒護の目的は十分に達することができるはずです。裁判長の法廷警察権には，監獄職員の配置位置の変更もその内容に含まれるので（合田・前掲390頁），とりわけ裁判員裁判の公判にあっては，弁護人は，裁判員に予断を与えないような積極的な法廷警察権の行使を裁判長に求めるべきでしょう。

（四宮）

Q43 公判前整理手続の結果はどのように公判に顕出されるのですか。

参照条文　改正刑訴法316条の31・316条の24・316条の12

● ポイント

公判前整理手続の結果は，検察側・弁護側冒頭陳述の後，裁判所によって法廷で明らかにされます。

1 争点と証拠整理の結果についての確認

裁判所は，公判前整理手続を終了するに当たり，検察官，被告人又は弁護人との間で，事件の争点と証拠の整理の結果を確認します（改正刑訴法316条の24）。そして裁判員が立ち会う公判期日において，冒頭陳述の後，公判前整理手続の結果を明らかにすることになっています（同法316条の31）。

公判前整理手続においては，裁判所書記官を立ち会わせなければならないとされ，裁判所規則の定めるところにより，公判前整理手続調書を作成しなければならないとされています（同法316条の12）。

公判前整理手続においては，当事者双方がお互いに証拠開示を行い，主張や証拠を整理していきます。その結果，主張の追加や変更，また証拠の取調べ請求の追加なども行われることが当然予定されており（同法316条の21，22），訴因又は罰条の追加，撤回又は変更を行うことも予定されています（同法316条の5第2号）。つまり公判前整理手続においては，争点と証拠の実質的整理に向け，ある意味で自由なやりとりがあり，またそのような自由なやりとりがあるからこそ，最終的に争点と証拠が整理されていくのです。したがって，公判前整理手続の各期日の調書は，原則として，当該期日に行われた結果だけを記載すれば足りるでしょう。また手続終了時に「確認」されるのは，事件の争点及び証拠整理の「結果」ですから，このように主張や証拠の追加，撤回，変更などが行われた場合，各期日に行なわれたそれぞれの結果の羅列ではなく，最終的に整理された「結果」を確認すればよいということになるでしょう。たとえば検察官は訴因として殺人を主張していたが，整理手続の結果，傷害致死に訴因を変更した場合，整理され確認されるべき結果とは，「訴因は傷害致死である」ということです。同様に被告人・弁護側が当初は正当防衛の主張をしていたが，証拠開示等の結果，その主張を過剰防衛に変更することもあるでしょう。その場合も過剰防衛の主張をする，という結果だけが確認されればよいのでしょう。

2 冒頭陳述との関係

 したがって，後に公判期日において，冒頭陳述の後に裁判所が行うべき「公判前整理手続の結果を明らかに」することも，整理された主張と証拠だけを，示せば足りるということになるでしょう。もし公判前整理手続期日において行われた一部始終を明らかにするとなっては，いわば準備段階ともいうべき公判前整理手続における錯綜した準備状況を裁判員に明らかにすることになり，裁判員をいたずらに混乱させるだけですし，公判前整理手続の本来の趣旨を没却することになってしまうからです。

 公判前整理手続の結果を明らかにすることが，冒頭陳述の後に行われることになっていることにも注意が払われるべきです。冒頭陳述は，公判前整理手続において整理された主張を，それぞれの当事者が裁判員に示すために行うものですから，冒頭陳述こそが，公判前整理手続の結果なのです。55条が，両当事者が行なうべき冒頭陳述について「公判前整理手続における争点及び証拠の整理の結果に基づき」行なわなければならないとしてることは，法律も同じ趣旨であると考えられます。

 したがって，当事者の冒頭陳述によって争点がクリアーになった裁判員に対して，後から裁判所が，公判前整理手続で行われた一部始終を裁判員に与えることは，混乱を招く以外の何物でもないでしょう。双方の冒頭陳述によって争点が明らかになれば，裁判所としては双方の立証計画が公判前整理の結果と同様であることを確認するだけで，自ずと改正刑訴法316条の31の目的は達することになるでしょう。

(四宮)

Q44 冒頭陳述は行わなければなりませんか。またどのように行うのですか。

参照条文　改正刑訴法316条の30，裁判員法55条

●ポイント

弁護側も必ず冒頭陳述を行わなくてはなりません。証拠との関係を具体的に明示することはもちろん，ヴィジュアルなものにするなど，分かりやすいものとする工夫が必要です。

1 冒頭陳述の目的

　裁判員裁判の対象事件は，必ず公判前整理手続に付さなければならないとされています（49条）。そして公判前整理手続に付された事件では，弁護人も検察官に続いて，冒頭陳述を行わなければならないこととされています（改正刑訴法316条の30）。公判前整理手続において争点と証拠の整理を行ったのですから，それぞれの主張と証拠を審理を始めるに当たって明らかにすることが，充実した迅速な裁判のあるべき姿でしょう。

　このことは裁判員裁判では殊のほか重要です。冒頭陳述とは，これから証拠によって証明しようとする事実ですが，証拠調べが何を目的に，どのように進んでいくのかを裁判員に示す，いわば公判審理のガイドです。裁判員が何を，どう判断すればよいのか，つまり裁判員の任務を明らかにするものでもあります。裁判員は，冒頭陳述という地図によって，証拠調べという荒野を歩いてゆけるのです。ですから，冒頭陳述は，従来検察官が行ってきたような，身上・経歴，犯行に至る経緯，犯行態様，情状といった，項目別の文書の朗読では，その地図にはなりえないでしょう。

　法は，特に裁判員裁判において行なわれる冒頭陳述の重要性に鑑み，両当事者は，冒頭陳述するにあたっては，「公判前整理手続における争点及び証拠の整理の結果に基づき，証拠との関係を具体的に明示しなければならない」としています（55条）。そうすることによって，後の証拠調べで何を立証しようとしているのかがよく分かるからです。しかし，冒頭陳述の段階では証拠調べは未だ行なわれておらず，また冒頭陳述は証拠調べ後に行なわれる最終弁論ではありませんから，証拠の評価について具体的な主張をすることまではできません。アメリカの法廷では，冒頭陳述はopening statement，最終弁論はclosing argumentと呼ばれますが，証拠の評価に踏み込むのがargumentです。アメリカの陪審法廷における冒頭陳述では「The evidence will show you……」（「証拠は，かくかくしかじかの事実

を皆さんに示すでしょう」）と陳述されることが参考になるでしょう。

2　冒頭陳述の内容

　冒頭陳述の内容ですが，弁護人であれば，被告人には無罪立証の責任はないこと，合理的疑問があれば有罪にはできないという刑事裁判の鉄則，時間的な流れを追った事件のストーリー，裁判員はどこにどう疑問を持つようになるか等々，十分に構成し尽くした上で，プレゼンテーション・ツールなどを用い，ヴィジュアルに，裁判員が関心を持つように陳述することが必要です。メモの煩を避けるために，プレゼンテーション・ツールからプリントアウトしたものを渡すこともされてよいでしょう。

（四宮）

Q45 証人尋問，被告人質問はどう変わるのですか。

参照条文 51条，56条〜59条

●ポイント
　弁護人が行なう証人尋問等は，裁判員に分かりやすいものとする工夫が必要です。また新しい対応として，裁判員が行なう尋問があります。

1　弁護人が行なう尋問

　裁判員が参加する法廷における活動については，「裁判官，検察官及び弁護人は，裁判員の負担が過重なものとならないようにしつつ，裁判員がその職責を十分に果たすことができるよう，審理を迅速で分かりやすいものとすることに努めなければならない」（51条）とされています。

　証人尋問，被告人質問などは，公判前整理手続において整理した争点に関し，冒頭陳述で証人や被告人が供述すると述べた事実に沿って，尋問することが必要です。常に冒頭陳述で描いた弁護側のストーリーにおける当該証人，被告人の位置づけを忘れないようにしなければなりません。さもないと冒頭陳述を聴いて準備していた裁判員を混乱させることになるからです。その意味では，裁判員裁判では弁護人の冒頭陳述が必要的となったことによって，尋問の指針を持ちやすくなったとも言えるでしょう。

　裁判員制度になっても書証の利用が絶無になることはありませんが，供述を証拠とする場合には，できるだけ，証人，被告人が直接法廷で供述することを心がけるべきでしょう。なぜなら，供述に関する限り，供述を書き言葉で伝えるよりも，話し言葉による方が情報伝達手段として優れているからです。

　また尋問に際しては，OHP，コンピューター，図面，模型，写真，パネルなどを利用してビジュアルに行なうことも，裁判員の理解を助けるでしょう。

　(1)　**主尋問**　主尋問は，証人，被告人に語らせる尋問です。争点にポイントを絞りつつ，弁護人が冒頭陳述で述べたストーリーを彼らが紡ぎ出せるようでなければなりません。裁判員が，弁護人の証人・被告人に対する問いを聴いたとき，冒頭陳述を思い出して，「あの点を訊いているのだな」と思えることが必要です。前提事実や周辺事実の尋問は，あくまでも裁判員が要証事実を理解する助けとなる限度で行なうべきでしょう。裁判員が主尋問を聴き終えたとき，ひとつの番組を見終わったような気持ちにすることが大切です。質問する弁護人は黒子のよう

な存在に徹するべきです。
　(2)　**反対尋問**　　反対尋問は，主尋問終了後，直ちに行ないます。検察側申請証人については，当該証人の供述調書の開示を受けるよう，公判前整理手続で証拠開示制度を活用しておかなければなりません（改正刑訴法316条の15第1項5号イ等）。またその方が裁判員の記憶も新鮮で，弾劾するにも効果的です。
　反対尋問は，主尋問と異なり，弁護人が述べる質問にもウエイトが置かれます。弁護人が行なう反対尋問は検察側証人の供述の信用性を弾劾することが目的ですから，主尋問で行なわれた証言のどこに，どんな問題があるかを質問として指摘し，裁判員に理解させることが重要だからです。その場合も，弁護人は自ら行なった冒頭陳述を常に念頭に置いておくことが必要です。反対尋問の結果，「弁護人が冒頭陳述で言っていたことが正しいようだ」と考えてもらうのです。

2　裁判員の行なう質問

　裁判員制度では，裁判員も証人（56条，57条），被害者等（58条），被告人（59条）に質問することができます。証人と被告人については，「裁判長に告げて，裁判員の関与する判断に必要な事項について」尋問することができるとされ，被害者等については「（被害者等）の陳述の後に，その趣旨を明確にするため」質問することができるとされています。
　これらの裁判員の質問も証拠調べの一環ですから（ただし，被害者等の陳述は犯罪事実認定のための証拠にはできない），証拠調べに関する異議（刑訴法309条1項）の対象となると考えられます。法令違反があること，相当でないことを理由とします（刑訴規則205条1項）。
　しかし，裁判員が行なう質問に対する当事者の異議は，裁判員側，当事者側にそれぞれ困難を招くことも予想されますから，裁判員の質問は，裁判長が事前に確認し，内容や表現に問題があれば訂正をアドバイスするなど，工夫してはどうでしょうか。

（四宮）

Q46 書証の請求と取調べはどう変わるのですか。

参照条文 51条，改正刑訴法316条の32

●ポイント

裁判員と裁判官が等しく法廷で心証が採れるようにするために，書証の利用は必要最小限のものに限定することが必要になります。書証の請求は公判前整理手続でしておかなければ，原則として後から請求することはできなくなります。また利用する書証は，裁判員が分かりやすい内容と取調べ方法にする工夫が必要です。

1　書証の弊害

従来の刑事裁判では，証拠の主役を書証が占め，それらは「同意」，法廷では心証のとれない程度の「要旨の告知」，法廷外での「閲読」という方法で取り調べられていました。それが調書裁判，直接主義・口頭主義の形骸化という批判を招いていたのです。

裁判員制度では，このような証拠調べはもはや不可能となりました。無作為に選任され，一件だけ担当して市民生活に還る裁判員が，主体的・実質的に証拠調べに関与できるようにするためには，法廷に座って，目で見て耳で聴いて理解でき，法廷で心証を採ることができる証拠調べに変えなければならないからです。裁判員にはとても読むことができない書証を裁判官が別室で閲読して，評議を進めるなどということがあっては，裁判員の主体的・実質的参加は実現できません。

そこで51条は「裁判官，検察官及び弁護人は，裁判員の負担が過重なものとならないようにしつつ，裁判員がその職責を十分に果たすことができるよう，審理を迅速で分かりやすいものとすることに努めなければならない」と定めました。

2　必要な書証

しかし，書証の利用が皆無となるわけではありません。犯行現場の図面，診断書，契約書等，立証に不可欠なものもあるでしょう。しかしその内容と量は，裁判員にとって分かりやすいものとする必要があります。また供述証拠は，原則として証人尋問によるべきであると考えますが，争いのない場合など，簡明な合意書面を作成する場合は，法廷で朗読して，聴く裁判員が理解できる内容と量にすべきでしょう。「要旨の告知」という書証の取調べ方法が従来多用されてきましたが（刑訴規則203条の2），この方式は，告知されなかった部分（この部分も証

拠です）を後から閲読することが前提とされており，裁判員制度の下では不適切な方法ですから，行なうべきではないでしょう。

　これらの書証の請求は，書証を公判前整理手続で請求し，相手方当事者に開示したうえ，その取調べ方法について十分協議をしておく必要があります。公判前整理手続で請求しなかった証拠は，原則として，整理手続終了後は請求できなくなりますから，注意してください（改正刑訴法316条の32）。

　書証の一部不同意という運用も考え直すべきでしょう。一部不同意となった書証を裁判員にどのように理解してもらうのか，考えにくいからです。一部不同意があった場合には，証人で立証することとし，同意部分については誘導尋問を活用する方法によるべきでしょう。

（四宮）

Q47 刑訴法321条1項2号書面の取扱いはどう変わるのですか。

参照条文　51条

●ポイント
　刑訴法321条1項2号書面の利用は必要最小限にしなければなりません。必要最小限利用する場合でも、いわゆる特信性の立証方法は、取調べ状況をビデオ録画し、それを再生する方法によるべきです。

1　調書裁判からの脱却

　刑訴法321条1項2号、特に後段書面（いわゆる相反供述がなされた場合）をはじめとする証拠法は、今次司法制度改革ではまったく変わりませんでした。従来の刑事裁判では、321条1項2号書面の請求も、採用も安易にされていた嫌いがあります。同書面のこのような安易な利用は、調書裁判という批判を招く一因となっていました。

　証人が法廷で、以前に法廷外でした供述と相反する供述をした場合、検察官は、できるだけ法廷で、相反供述をしている証人に対し、以前になされた供述を指摘して供述を引き出す努力をすべきです。そして原則として、裁判員の心証形成は、このような尋問を通じてなされるべきでしょう。

2　例外的に調書請求する場合

　例外的に調書の請求をする場合には、特信性を立証することになります。この判断は、証拠能力に関するものですから、裁判官が判断し、裁判員には判断権限がありません（6条2項2号）。しかし、証拠能力を付与する要件としての「前の供述を信用すべき特別の情況の存するとき」（刑訴法321条1項2号但書）とは、法律論というより、まさに信用性の判断であるのみならず、裁判員が立ち会っている証人尋問において問題となるものですから、裁判員も特信性の立証に立ち会うべきですし、裁判官は裁判員の意見を求めるべきでしょう（68条3項参照）。

　とすると、51条が「裁判官、検察官及び弁護人は、裁判員の負担が過重なものとならないようにしつつ、裁判員がその職責を十分に果たすことができるよう、審理を迅速で分かりやすいものとすることに努めなければならない」と定めているように、従来の特信性の立証のように、証人尋問と調書提示命令（刑訴規則192条）による閲読吟味という形での審理は、裁判員には不適切です。そこで、証人の検察官面前調書について「前の供述を信用すべき特別の情況」が存するこ

との立証，及び反証も当該証人尋問の中で行うことになるでしょう。補充的に調書の作成経過を立証する場合は，裁判員が，主体的・実質的に証拠調べに関与できるよう，法廷に座って，目で見て耳で聴いて理解できる必要がありますから，取調べをビデオ録画したものを再生する方法以外には考えられなくなるでしょう。

なお，刑訴法227条1項の要件が緩和され，これによって検察官は公判期日において供述を変えるおそれがある者に対して裁判官面前調書を作成することが容易になったのですから，この手続を怠った場合には，相対的特信情況の判断に影響を与えると考えるべきでしょう。

3　共犯者の供述調書の取扱い

なお，刑訴法321条1項2号後段書面で問題になるものとして，共犯者の供述調書があります。共犯者の取調べは被疑者としての取調べの性格も有していますから，共犯者が身体拘束を受けている場合には，取調べ状況を記録した書面が作成されています。しかしいわゆる類型証拠開示の対象となるのは，「被告人の」取調べ状況を記録した書面ですが（改正刑訴法316条の15第1項8号），共犯者に関する同書面も証拠開示の対象になると解するべきでしょう。

このような方法による特信性の立証がなされなかった場合，弁護人としては，裁判所の，裁判員の立場に立った毅然とした証拠決定を求めるべきです。

（四宮）

Q48 自白の任意性の立証はどう変わるのですか。

参照条文　　51条

● ポイント
　自白の任意性の立証は，裁判員の立ち会う公判で行なうことが相当とされ，その立証方法は，取調べ状況をビデオ録画し，それを再生する方法によるべきです。

1　裁判員が立ち合う公判で

　自白の任意性の判断は，証拠能力に関するものですから，裁判官が判断し，裁判員には判断権限がありません（6条2項2号）。しかし，自白の任意性の判断は，その信用性の判断と深く結びついているばかりでなく，有罪・無罪の判断にも直結します。このように，自白の任意性の判断は，法律論というより，まさに裁判員の権限とされる事実認定の判断でもありますから，裁判員が立ち会う公判で行なうべきであるとする点で，多くの意見がほぼ一致しています。

　したがって，自白の任意性を争う弁護人としては，まず公判前整理手続において，一定の証拠開示を受けた上で（改正刑訴法316条の14，同15），自白の任意性・信用性を争点として設定して，弁護側の請求証拠があれば開示し（同法316条の17，同18），さらにその争点に関連する証拠開示を検察官から受けて（同法316条の20），公判に臨みます。

2　裁判員にわかりやすい任意性立証の方法

　自白の任意性に疑いがないことの立証責任は検察官にありますが，従来の立証は，被告人質問と取り調べ担当者の証人尋問が延々と続き，客観的な決め手のないまま水掛け論を経て，自白調書の提示命令が出され，裁判官が法廷外で閲読した上で，裁判官に判断が委ねられるというものでした。

　しかし，前述のように，最終的な判断権限はないとしても，任意性立証には裁判員が立ち会うべきものと考えられていますし，その判断内容は純粋な法律論というより，事実認定に関する部分が多いのですから，判断にあたって裁判官は裁判員の意見を求めるべきです（68条3項参照）。とすると，裁判員にも分かる任意性の立証が検察官によって行なわれることが不可欠となりますが，従来の任意性立証の方法では，到底裁判員の主体的・実質的関与は望めません。裁判員が立ち会うべきものとされる以上，51条が「裁判官，検察官及び弁護人は，裁判員の負担が過重なものとならないようにしつつ，裁判員がその職責を十分に果たすこ

とができるよう，審理を迅速で分かりやすいものとすることに努めなければならない」と定めていることが重視されるべきです。

3 取調べのビデオ録画

ところで，2004（平成16）年4月から，取調べの書面による記録制度が導入されており，この書面は証拠開示の対象となっていますが（改正刑訴法316条の15第1項8号），そこで記録されることは，取調べ年月日，取調べ担当者，通訳人，取調べ場所，取調べ時間，被疑者の氏名・生年月日，逮捕・勾留罪名，被疑者調書作成の有無，数などであり，取調べや調書作成の具体的状況の判断にどの程度資するか疑問です。

そこで，任意性に疑いがないこと，つまりは取調べや調書作成状況の立証は，取調べをビデオ録画し，これを再生する方法によるべきです。この方法によらない場合，弁護人としては，自白調書の証拠請求を却下するよう，裁判所に強く求めるべきです。

（四宮）

Q49 新しい鑑定の請求は公判でもできますか。

参照条文　50条，改正刑訴法316条の32

●ポイント
　鑑定は原則として，公判前整理手続において行ないますが，公判手続が開始してから鑑定の必要が生じた場合には，鑑定手続に入ることができます。

　鑑定も証拠調べ請求のひとつですから，公判前整理手続が終了するまでに請求しておかなければ，公判になってから請求できないのが原則です（改正刑訴法316条32）。そして，裁判所が公判前整理手続において鑑定を行なうことを決定した場合，鑑定の結果の報告までに相当の期間を要すると認めるときは，公判前整理手続において鑑定（鑑定の経過及び結果の報告を除く）を行なうことができます（50条1項）。

　しかし，公判の進行によって，公判前整理手続では鑑定の必要があるとは考えられていなかった事項について，その必要性を示す事実が明らかになることがないとは言えません。たとえば，証人や被告人などが法廷で供述して初めて精神状態に疑問が出てきた場合，公判前整理手続において行なった鑑定について公判になってから疑問が提起された場合などです。

　この場合には，やはり真実究明の観点から，鑑定請求が認められるべきでしょう。

　鑑定の採否は，訴訟手続に関する判断（6条2項2号）ですから，裁判官のみで審理判断することができます。しかし，審理がある程度進んだ段階で鑑定が問題となるのですから，鑑定の採否に関する審理，評議に裁判員を立ち合わせることも積極的に考えるべきでしょう（68条3項）。ただ，その必要がないと判断される場合には，裁判員は待機または帰宅し，裁判官だけで審理判断することになります。

　審理の結果，もし鑑定手続が行なわれることになれば，その期間，裁判員は帰宅し，召喚を受ける日を待つことになりますが，しかし，長期間の中断が望ましくないことは明らかですから，中断の期間や，証拠調べ再開後の記憶喚起等について，十分な配慮が必要です。

（四宮）

Q50 量刑審理はどう変わるのですか。

参照条文　51条

●ポイント
　否認事件では，罪責審理と量刑審理を二分すべきです。量刑審理において弁護人は，裁判員を説得する新しい量刑弁護を工夫する必要があります。

1　否認事件における手続二分の必要性

　アメリカの陪審裁判や日本の陪審裁判は，否認事件についてのみ行なわれますが，罪責の審理と量刑の審理は二分されています。つまり，まず有罪無罪の審理を行い，評議・評決を経た後，有罪の場合に改めて量刑に関する審理を行い（かつての日本の陪審制度では有罪評決後直ちに量刑審理に入っていました），量刑に関する証拠調べと論告・求刑，弁論を行ないます。このように審理手続を罪責問題と量刑問題に二分することによって，審理を分かりやすいものにできるばかりでなく，前科など，罪責判断には有害な証拠を排除できるメリットもあるのです。ただ，今回の裁判員制度では，この二分制は採用されませんでした。
　しかし裁判員裁判でも，罪責問題と量刑問題を分け，裁判員に分かりやすくする必要があることは変わりないはずです。司法制度改革推進本部の裁判員制度・刑事検討会におけるいわゆる座長試案は「専ら量刑に関わる証拠の取調べは，公訴事実の存否に関する証拠の取調べと区別して行わなければならないものとすること」としていましたが，法律には盛り込まれませんでした。
　しかし，裁判員に分かりやすい証拠調べを行うためには，座長試案に示されていた考え方は重要で，弁護人としては，とりわけ事実関係を争う事件については，公判前整理手続において，裁判所が立てる立証計画にその趣旨を反映させるよう，努力すべきです。特に，無罪を争う事件では，裁判長の訴訟指揮により，次のように罪責審理と量刑審理を分ける工夫をすべきです。
　まず公判前整理手続においては，争点や証拠の整理，証拠の取調べの順序及び方法を定めるにあたり，罪責審理と量刑審理を分けて，争点や証拠の整理と審理計画を立てることが必要です。公判は，その審理計画に従って進めますが，罪責に関する証拠調べ終了後，検察官と弁護人に罪責に関する中間論告と中間弁論をさせ，裁判員と裁判官は中間評議に入ります。評議はいつでもできると考えられ

ているからです。仮に評議の結果有罪意見となるのであれば，評決結果は表明せずに審理を再開し，量刑に関する証拠調べに入ります。その後量刑に関する論告，弁論をさせ，再度評議に入り，最終評決を行ないます。もし中間評議で無罪意見となった場合には，そのまま無罪判決を行ないます。

　このような裁判長の訴訟指揮権による運用は，前科など，事実認定には有害な証拠を，罪責判断を終えるまで完全に排除することを可能とします。もちろん現在のように，検察官の冒頭陳述で被告人の身上経歴や前科前歴が，罪責の審理前に陳述されるようなことがあってはなりません。

2　量刑弁護のあり方

　量刑弁護も裁判員を説得する手続であることを忘れてはなりません。弁護人が相当と考える刑種，刑期，金額，執行猶予の必要性など，裁判員に共感してもらえる弁護活動が求められます。そのためには，当該事件における情状事実を単に羅列するのではなく，有利な事実を組み立てなおし，不利な事実の非難性を薄める必要があります。特に，一般的情状より，当該事件に特有の情状事実をピックアップすることが大切です。

　また弁論では，適切な同種事案の量刑を引用することも必要になるでしょう。弁護士会でも有用なデータベースの蓄積が望まれますが，裁判所や検察庁が保有している量刑情報の適切な提供が検討されるべきでしょう。量刑が重い同種事案については，本件の事実とどこが違うのか，軽い量刑の同種事案については，本件の事実とどこが共通なのか等，具体的に示す必要があります。また執行猶予が相当と主張する場合には，なぜ被告人を刑務所に入れてはならないのかを，事実と証拠に基づいて，裁判員を説得する必要があります。

3　死刑事件

　死刑が求刑される事件は特別です。死刑の憲法論は「法令の解釈に係る判断」ですから裁判官の権限ですが（6条2項1号），裁判員にも聴いてもらうことは，死刑制度を考えてもらううえで大きな意義があるでしょう。さらに，死刑制度を存置しているアメリカの州では，死刑判決を下すためには，一定の加重事由が定められ，すべての加重事由が陪審員の全員一致で認定されることが必要とされている州が多いことなどの例を出して，裁判員が考慮すべき事実を明示し，慎重な判断を促すことが必要です。裁判員が死刑事件に参加することは，日本の死刑制度の今後に大きな影響を与えることになるでしょう。

（四宮）

Q51 最終弁論はどう行うのですか。

参照条文　51条

● ポイント
　最終弁論は，証拠調べの結果を再構成し，分かりやすい日常語で裁判員を説得します。弁護人は自分の理解を助けてくれる支援者だと思ってもらえることが必要です。

　証拠調べが終われば，直ちに論告，弁論に入ります。従来のように期間を置いて準備することは原則としてないと考えるべきでしょう。大変なようにも思われますが，むしろ裁判員にとっても，弁護人にとっても，記憶が鮮明であり，弁論としても効果的と思われます。

　最終弁論は公判廷で行われた証拠調べの結果を，弁護側の主張を裏付けるように再構成し，判断者としての裁判員を説得する，刑事弁護活動の集大成です。冒頭陳述と異なり，最終弁論はargumentですから，証拠の信用性に言及することが認められ，弁護側に不利な証拠を徹底的に弾劾すべきです。しかし，自分が行なった冒頭陳述との整合性には留意しなければなりません。証拠調べの重点をもう一度指摘して，裁判員の記憶を喚起させ，なるほど弁護人が最初に言っていたとおりだった，と共感してもらうステージ，それが最終弁論です。

　最終弁論では，従来のように弁論要旨を起案しそれを朗読するなどということは禁物です。プレゼンテーション・ツールを用い，ケースによっては模型，図面，写真等も利用し，重要な証拠を裁判員の目の前に再現させ，映像と言語——しかも日常語——で説得しなければなりません。下を向いて朗読してはなりません。裁判員の一人一人と目を合わせ（アイ・コンタクト），弁護人は自分の理解を助けてくれる支援者だと思ってもらうことが必要です。弁護人の弁論に集中できるよう，ノートを取る手間を省かせるため，必要な資料の写しは裁判員の手許に配布しておくことも有用でしょう。

　最終弁論の内容ですが，罪責に関しては，検察官の主張と証拠の問題点を衝き，それを証拠で裏づけし，合理的疑問の存在を論証します。こんな危ない証拠で同じ社会で生活する仲間の自由や生命を奪っていいのかと，説得します。量刑に関しては，刑種と刑期などにつき，証拠に基づき，同種事件などの先例も引きながら，弁護人が相当と考える刑罰を合理的に説得します。従来のように，単に「寛大な刑罰を」だけでは裁判員は到底説得されないことを肝に銘じなければなりません。情状証人についても，心理，医学，福祉など専門家証人の活用が広がっていくでしょう。

（四宮）

Q52 法廷用語とプレゼンテーションはどう変わるのですか。

参照条文 51条

◉ポイント

　一般市民が社会生活で用いる日常語によって，プレゼンテーション・ツールなどを駆使した，分かりやすいプレゼンテーションを工夫すべきです。

1　裁判員に理解できる用語

　これまでの裁判は，法律専門家である裁判官が，そして裁判官だけが判断者でしたから，その判断者の説得のためには，法律専門用語を駆使して，法律理論や事実認定，量刑などを論じていました。また直接主義・口頭主義の後退に伴い，書面が多用されたことから，書面，つまり文字を用いた説得が弁護活動の中心でした。法廷で口頭による弁論，議論が行なわれることは稀で，意見は書面で提出することが常態化していました。つまり，言い換えれば，法廷はコミュニケーションの場とは言えなかったのです。

　しかし，裁判員制度は，無作為に選ばれた一般国民が1件だけ審判を担当する制度です。つまり判断者として，裁判官の他に，裁判や法律の知識も経験もない人々が加わったのです。ですから，当然のことながら，そのような裁判員が法廷で心証を採ることができる裁判に変えなければなりませんし，判断者である裁判員に理解してもらえる法廷活動でなければ，無意味であることになります。

2　法廷で使用される言葉

　そこで，まず法廷で使用される言語は，基本的に，一般市民が社会生活で使用している言葉——日常語——で行なわれなければなりません。法律家には独特の言い回し，伝統的な実務用語がたくさんあり，そのような言葉遣いをすることがいかにも専門家らしいと好まれる傾向もありましたが，そのような慣行は捨てるときが来たようです。

　日常語に言い換えることができる言葉は，できるだけ平易な日本語に言い換えて使用すべきでしょう。しかし裁判手続の中でどうしても法律用語を使用しなければならない場合もあるでしょう。そのような場合には，法律用語を述べたあとで，その内容を分かりやすい日常語で説明することが必要です。言葉のコミュニケーションが断絶したとき，情報が伝わらなくなるのみならず，人間関係が断絶するのであり，そうなってはいかなる説得も不可能になります。

また研究によれば，言葉そのものだけでなく，言葉の抑揚・強弱といった話し方，身振り，眼差しなども，人間関係を保ち，コミュニケーションを保つ上で，極めて重要とされています。
　法廷でのプレゼンテーションも，ただ単に言葉を述べるだけでは，必要かつ十分なコミュニケーションを成り立たせる上で不十分でしょう。言葉での説明を補うツールとして，図面，写真，模型などは極めて有効です。**OHP**，コンピューターなどのプレゼンテーション・ツールをできる限り駆使して，ビジュアルなコミュニケーションを心がけるべきでしょう。

（四宮）

Q53 評議はどのような方法で行われるべきでしょうか。

参照条文　66条，68条，69条

●ポイント
　評議は，裁判員が分かりやすいものとし，裁判員が十分発言できるようにする必要があります。また，全員一致を目指した議論を行うべきです。

1　総論

裁判員も関与する判断（6条1項）のための評議は，構成裁判官及び裁判員で行い（66条1項），構成裁判官の合議によるべき判断（6条2項）のための評議は構成裁判官のみが行います（68条1項）。

裁判員は，構成裁判官及び裁判員がともに行う評議に出席し，意見を述べなければなりません（同2項。裁判官は裁判所法76条参照）。

2　評議の主宰者

裁判所法75条2項によれば，「評議は，裁判長が，これを開き，且つこれを整理する。」とされているので，裁判員とともに行う評議の主宰者も裁判長ということになります。

3　具体的評議事項及びその順序

構成裁判官及び裁判員が行う評議は，裁判員も関与する判断事項，すなわち，事実の認定，法令の適用，刑の量定について行います。

具体的にどのような事項について，どのような順序で評議するのかという点が問題となりえます。前述のように，裁判長が評議を整理することとされており，「整理」とは，事案に応じて，問題点を摘出し，これを順序づけ，各裁判官に問を発し，あるいはその発言を促し，必要な場合には評決を行なう等の方法で，評議の内容を秩序づけることをいうとされ，その具体的方法は裁判長の裁量に委ねられているとされています（最高裁判所事務総局総務局『裁判所法逐条解説（下）』〔法曹会，1969年〕77頁）。このことからすれば，裁判員裁判でも同様で，具体的評議事項の摘出，その評議の順序等の決定は，基本的には裁判長の裁量によることになります。

ただ，今回の刑訴法改正及びそれに基づく運用で，争点中心の公判手続が行われることが想定されています（争点整理のための公判前整理手続の創設，争点中心の弁論あるいは証拠調べなど）。そこで，具体的評議事項及びその評議順序も，原則として，争点に即したものになると想定されます。

また，裁判員裁判で，いわゆる手続2分的審理（罪体審理と量刑審理を区分す

る）が行われるかどうか不明ですが，仮に手続2分的審理が行われるのであれば，それに対応した評議を検討すべきでしょう。具体的には，罪体審理の後罪体に関する評議を行い，有罪の場合には量刑審理に入るが，無罪の場合にはその時点で判決を行うという方法が考えられます。なお，仮に，そのように行うことができないとしても，量刑審理も終了した後の評議においては，罪体に関する評議と量刑に関する評議を区別して（量刑評議は，罪体評議の後に）行うべきでしょう。

　なお，問題点の摘出や順序等の決定が裁判長の裁量に委ねられていますが，裁判長の措置について構成員に異議があるときは，裁判所が，合議してこれを決しなければならないとされています（前掲『裁判所法逐条解説（下）』77頁）。この判断事項は裁判員の判断すべき事項に含まれていません（6条1項，2項参照）ので，裁判員裁判の場合，法律上は，構成裁判官のみで決定することが可能ということでしょう。しかし，どのような事項についてどのような順序で判断するかということは重要です。そこで，具体的評議事項やその順序についても，裁判員からも極力意見を聞き，尊重すべきです。

4　評議の時期

　上述のように，裁判所法では，評議を開くことも裁判長の職務であるため，評議の開催時期についても，最終的には裁判長の裁量に委ねられています（前掲『裁判所法逐条解説（下）』77頁）。

　いわゆる中間評議（罪体と量刑とを分け罪体審理の後に行う評議ではなく，たとえば，ある重要証人の尋問が終了した後，一日の法廷が終了した後などの際に行われる評議）も，裁判長の裁量により可能です。この点，アメリカの陪審の場合，伝統的には，中間評議を行うと，その時点での心証形成で最終結論が左右されかねない危険性から，中間評議を禁止し，当事者の最終弁論が終了するまで議論すべきではないとされていました。しかし，最近では，陪審の理解力を高めるという観点から，一定の場合には，中間評議を認めてはどうかという議論もなされています（たとえば，G.Thomas Munsterman, Paula L.Hannaford and G.Marc Whitehead, eds.Jury trial innovation. National Center for State Courts, 1997）。また，裁判官や元裁判官が執筆した論文でも，中間評議の活用が提起されています。

　これらのことからすれば，中間評議が必要な場合もあるのかもしれません。しかし，あくまで中間評議であって，その後の訴訟進行に対してオープンマインドで臨むべきことを確認する必要があるでしょう。

5　評議の参加者

　裁判員の関与する判断のための正式な評議は，原則として，裁判官及び裁判員全員が出席のもとで行われるべきです。ただ，例えば，休憩時間等各自が三々五々集まる場合などにも一切話をすることができないとすると窮屈なので，杓子定規に解することは避けるべきかも知れません。しかし，全くありえないことだと思いますが，裁判官のみで事前に評議をして意思統一を図って裁判員との評議

に臨むようなことなどはあってはならないことです。

6　評議の方法

　評議の方法等に関して，裁判員法は，裁判長は，裁判員との評議において，裁判員に対して必要な法令に関する説明を丁寧に行うとともに，評議を裁判員に分かりやすいものとなるように整理し，裁判員が発言する機会を十分に設けるなど，裁判員がその職責を十分に果たすことができるように配慮しなければならないと規定しています（66条5項）。したがって，評議は全員一致をめざして行うべきでしょう。このことは司法制度改革審議会及び裁判員制度・刑事検討会でも確認されています。

　裁判所法の解釈では，どの裁判官から先に述べるかの順序も，原則として裁判長の裁量に委ねられているとされています（前掲『裁判所法逐条解説（下）』78頁）。しかし，諸外国の例では，裁判官よりも裁判員から，裁判員の中でも若い裁判員から意見を述べる扱いをしている場合もあります。また，裁判長は，評議の議長役として中立性を確保するため，評決まで意見を述べないようにしている例もあり，様々な工夫が必要です。

7　法令事項等

　裁判員の関与する判断のための評議において，裁判長は，必要と認めるときは，裁判員に対し，構成裁判官の合議による法令の解釈に係る判断及び訴訟手続に関する判断を示さなければなりません（66条3項）。そして，裁判員は，この判断が示された場合には，これに従ってその職務を行わなければなりません（同4項）。

8　評決の時期，手段

　この点については，Q54を参照して下さい。

9　守秘義務

　評議に関して一定の範囲で守秘義務を負うことになります（Q65を参照）。

10　裁判官のコミュニケーション能力

　ところで，これまで裁判官は，身内の裁判官とだけ議論をしてきました。合議体を構成する裁判官は，1年から2年程度一つの部屋で執務し（場合によれば，一つの官舎で生活），繰り返し事件を担当します。気心が知れているだけでなく，法律家同士なので，お互いが話す専門用語等の知識は共有しています。しかし，裁判員の場合は，一つの事件だけを担当し，しかも，専門用語は知らないことが前提になっています。これまで以上に裁判官にコミュニケーション能力が求められています。

　　　　　　　　　　　　　　　　　　　　　　　　　　　　　　（西村）

Q54 評決はどのような方法で行われるのでしょうか。

参照条文　67条

● ポイント
　評決は，構成裁判官及び裁判員の双方の意見を含む合議体の員数の過半数で決せられます。

1　評決の基本原則

　裁判員も関与する判断については，構成裁判官及び裁判員の双方の意見を含む合議体の員数の過半数の意見によるとされています（67条1項）。

　(1)　9人制合議体の場合　　過半数が原則ですので，裁判員6人，裁判官3人の9人制合議体の場合，有罪意見（あるいはある争点に関する結論）が5人に達すれば，一応被告人を有罪とする（あるいはある争点に関する結論に達する）ことができます。しかし，この有罪意見の中に，裁判官が必ず1人加わっていなければなりません（裁判官3人ですから，有罪意見5人以上ということは，2人以上の裁判員が加わっていることになります）。ですから，有罪意見5人がいずれも裁判員の場合（あるいは裁判員6人全員一致で有罪の場合）で，裁判官全員一致で無罪（有罪ではない）の場合には，過半数という要件は満たしていますが，「構成裁判官及び裁判員の双方の意見を含む」という要件が満たされていませんので有罪にはできない（つまり，無罪）ということになります。

　なお，逆に，裁判官3人が全員一致で有罪，裁判員6人が全員一致で無罪（有罪ではない）の場合は，有罪が過半数に達しない（裁判員5人が無罪でも同様）ので有罪にはできない（つまり，無罪）ということになります。

　(2)　5人制合議体の場合　　裁判員4人，裁判官1人の5人制合議体の場合も過半数が原則ですので，有罪意見が3人以上となれば被告人を有罪とすることができます。しかし，この有罪意見の中に，裁判官1人が必ず加わっていなければなりません。そこで，裁判官が無罪の場合は常に無罪（仮に裁判員4人全員が有罪の意見であっても）となります。

2　量刑の場合の評決方法

　量刑の場合も基本的には過半数が原則ですが，量刑固有の特例が規定されています。すなわち，刑の量定について意見が分かれ，その説が各々，構成裁判官及び裁判員の双方の意見を含む合議体の員数の過半数の意見にならないときは，そ

の合議体の判断は、構成裁判官及び裁判員の双方の意見を含む合議体の員数の過半数の意見になるまで、被告人に最も不利な意見の数を順次利益な意見の数に加え、その中で最も利益な意見による（67条2項）とされています。裁判所法77条2項と同様の規定です。9人制合議体を前提にいくつか例をみてみたいと思います。

　(1)　2説に分かれた場合　例えば、死刑と無期に意見が分かれた場合ですが、この場合は、有罪と無罪（有罪ではない）に意見が分かれた場合と同様に考えることになります。

　(2)　3説に分かれた場合　例えば、死刑、無期、懲役20年に意見が分かれた場合です。

　この場合、いずれかの意見（例えば死刑選択意見）が過半数に達しており、かつ、その意見の中に裁判官1人以上の意見が含まれていれば、その意見が結論となります。しかし、例えば、死刑選択意見が過半数（5人以上）であっても、その中に裁判官の意見が含まれていなければ、「構成裁判官及び裁判員の双方の意見を含む」という要件が満たされていませんので死刑にすることはできません。この場合、死刑選択意見数（裁判官の意見が含まれていない過半数なので、裁判員5人または6人ということになります）を無期選択意見数に加算します。無期選択意見の中に裁判官の意見が含まれている場合は、無期以上の意見が、過半数かつ「構成裁判官及び裁判員の双方の意見を含む」の要件を満たすことになりますので、無期以上の意見の中で最も被告人に利益な無期が結論となります。無期選択意見の中に裁判官の意見が含まれていない場合（裁判員5人が死刑選択意見、裁判員1人が無期選択意見、裁判官3人が全員一致で懲役20年選択意見の場合がこれに該当しえます）は、「構成裁判官及び裁判員の双方の意見を含む」の要件を満たさないので無期とすることができませんので、最終的には懲役20年ということになります。

　同様に、無期選択意見が5人の過半数であっても、無期選択意見の中に裁判官の意見が含まれていなければ直ちに無期とすることはできません。この場合、仮に死刑選択意見の中に裁判官1人が含まれていれば、死刑選択意見数と無期選択意見数を合計すれば6人以上となり、かつ、裁判官1人が含まれていますので、死刑と無期の中で最も利益な無期が結論となります。しかし、死刑選択意見の中に裁判官が含まれていない場合（つまり、裁判員1人が死刑選択意見で、裁判官3人全員一致で懲役20年選択意見の場合）には、結果的には無期とすることはできず、懲役20年が結論となります。

　3説のいずれも過半数に達していない場合、まず、死刑選択意見数を、無期選択意見数に加えます。その結果、死刑及び無期選択の意見数が合計5人以上となり、かつ、その5人の中に裁判官1人が含まれていれば、その2つの中で最も利

益な無期が選択されることになります（なお，死刑と無期の意見数を合計して5人以上とならない場合は，そもそも懲役20年という意見が5人以上存在している場合で，結果的には懲役20年が結論となります）。しかし，死刑選択意見及び無期選択意見の合計が5人以上となっても，裁判官が1人も含まれていない場合（すなわち，裁判官3人は全員一致で懲役20年選択意見の場合）には，「構成裁判官及び裁判員の双方の意見を含む」という要件を満たさず，無期とすることはできませんので，最終的には懲役20年ということになります。

　以上のことから，裁判官3人全員一致で最も低い刑（この場合では懲役20年）を選択していた場合には，裁判員6人全員がその刑より重い刑を選択していたとしても，評決結果は裁判官全員一致で選択している最も低い刑ということになります。

3　評決の時期，手段など

　評議の項（Q53参照）で述べましたように，裁判所法上，裁判長が評議を「整理する」ことになっています（裁判所法75条2項）。その「整理」の中には評決を行うことも含まれているので，いつ，どのような手段で評決を行うのかについても裁判長の裁量に委ねられていることになります。

　しかし，十分な評議を尽くし，基本的には全員一致になるよう評議すべきことは当然のことでしょう。司法制度改革審議会でも，裁判員制度・刑事検討会でも，国会の議論の中でも，そのことを否定する考えはありませんでした。ですから，裁判長としては，全員一致となるよう努力すべきです。例えば，評議の途中の段階で有罪意見が過半数であることが明らかな場合であっても，なお，無罪（有罪ではない）意見に真摯に耳を傾けるべきことは言うまでもありません。ことに，裁判員の複数が無罪意見の場合はそのようにすべきです。

　全員一致を目ざした努力をし尽くしてもなお意見の一致が見られない場合には評決せざるをえません。どの程度の時間評議した後に評決すべきかは裁判長の裁量ということになるでしょうが，評決すべきかどうか（評議打ち切りとすべきかどうか）自体についても裁判員の意見を尊重すべきです。

　評決手段としては，挙手による方法，記名あるいは秘密投票などが考えられます。その選択も裁判長の裁量ということになりますが，ここでも裁判員の意見は尊重されるべきです。いずれにしても，裁判長は，裁判員が結論を明確にしやすいよう，場面に応じた適切な手段を選択すべきです。

（西村）

Q55 判決はどのように言い渡されるのでしょうか。また，判決書はどのようなものになるでしょうか。

参照条文 63条

●ポイント
判決は，原則として，裁判員も立ち会った上で言渡されるべきです。判決書には理由も示されますが，現在の判決書とは異なったものになるでしょう。裁判員は，判決書に署名する必要はありません。

1 判決の宣告

裁判員は，裁判員も関与する事項に関する判決や決定の宣告期日に出頭しなければなりません。ただし，裁判員が出頭しないことは，当該判決等の宣告を妨げるものではないとされています（63条1項）。

裁判員の出頭を原則としつつ，裁判員が出頭しなくとも判決等を宣告することができるとした理由は，評決成立後判決宣告までの間に，判決書起案等の作業のために一定期間を必要とする場合，裁判員の中には判決宣告期日に再度出頭することが困難なこともありうるからと考えられます。たしかに，評決成立後一定期間を置いて判決宣告ということになれば，再度の出頭が困難な裁判員も現れるでしょう。しかし，評決成立後速やかに判決宣告ということになれば，ほとんどの裁判員が判決宣告に立ち合うことができると思われます。

そもそも，裁判員制度は，裁判員が主体的・実質的に参加することを前提にした制度です。また，裁判員の充実感ということも考慮する必要があると思います。そのようなことからすれば，判決に関与した裁判員に対し，判決宣告場面に立ち会う機会を最大限確保することが必要でしょう。そのためには，裁判員も関与した事項について判決する場合は，裁判員の立会いが容易な判決宣告，つまり，評決後速やかな判決宣告を原則とすべきでしょう。

他方，評決成立後速やかな判決宣告ということになれば，その評決成立後判決宣告までの期間を利用した判決書の起案はできません。しかし，後述するように，裁判員裁判では，判決理由は，現在以上に短くなることが想定されます。これらのことからすれば，評議を行いつつ判決理由の骨子を起案してそれを判決宣告の際朗読し，後日その骨子の範囲内で補充起案することで対応可能と考えられます。

なお，判決等の宣告期日は，裁判員に通知することが必要です（63条2項）。評決成立直後の判決言渡であれば，評決成立後裁判員に通知すれば足りるでしょう。

2 判決書

司法制度改革審議会意見書では,「判決書の内容は,裁判官のみによる裁判の場合と基本的に同様のものとすべきである」(107頁)とされていた関係上,裁判員法において,判決書の内容等について特段の規定は設けられていません。

この点,特に有罪判決の場合の判決理由の記載の程度が問題となります。刑訴法では,有罪判決は,罪となるべき事実,証拠の標目及び法令の適用や法律上犯罪の成立を妨げる主張又は刑の加重減免の主張に対する判断を示せばよいこととなっています(刑訴法335条)。しかし,現在の判決書には,詳細な事実認定や証拠評価等が記載されることもあります。そこで,上記意見書中,「基本的に同様のもの」とは,法律上要求されている限度で同様なのか,それとも実務慣行的に同様なのか解釈の違いが生じてきます。

現在の裁判では,法廷内での心証形成がややもすれば軽んじられ,供述調書や当事者の主張を法廷外で熟読して判断を行う傾向にあり,そのような手続を経た結論の正当性を示すために,それらを詳細に引用する必要性があることが判決書の理由の長さの一因であるとも考えられます。しかし,直接主義・口頭主義が徹底される(少なくとも,採用される供述調書の通数やその量が減少するであろう)裁判員裁判の場合,法廷内での心証形成を重視するので,判決の基礎となる証拠関係や弁論は,基本的には全て法廷内で明らかになります。そこで,現在とは異なり,結論の正当性を示すために,法廷外での熟読結果を示す必要性は乏しくなります。また,公判前整理手続で争点整理がなされることや証拠調べが争点中心になされることから,その争点に沿った評議の結果をまとめて起案することになれば,現在のように,一から書き始めるという必要性が乏しくなると想定されます。さらに,前述のように,判決宣告への裁判員の立会い(評決後速やかな判決宣告)の要請ということも考慮する必要があると思います。

以上のことから,現在の判決書とは異なり,争点を中心とした分かりやすく簡潔なものになるでしょう。

判決書に裁判員等の氏名が記載されることになるのか明らかではありませんが,裁判員等の氏名,住所その他の個人を特定するに足りる情報は公にすることはできません(72条)から,記載されないのではないかと思われます。また,裁判員の任務は判決等の宣告で終了するので(48条),判決書への署名は不要です。

(西村)

Q56 控訴理由はどう影響を受けるのですか。

参照条文　64条，刑訴法377条～384条・393条・397条2項・400条

●ポイント
　控訴審に関してはほとんど改正点はありません。しかし，いままで以上に第一審尊重の傾向が強まり，限定的に破棄される場合にも，差戻しが原則となるでしょう。

1　裁判員制度と控訴審のあり方

　控訴に関する規定は，裁判員制度の導入によって，絶対的控訴理由のうち「法律に従って判決裁判所を構成しなかったこと」（刑訴法377条1号）について読み替え等があるほかは，変わっていません（64条）。すなわち，その他の控訴理由，控訴審の構成，控訴審の手続，控訴審の判決などは，従来のままです。

　しかし，原審が裁判員制度で行なわれた場合，原判決には国民の意思が直接反映されていますから，従来に比べ，格段に第一審の判決を尊重する運用になるであろうと考えられています。すなわち，裁判員裁判による判決に対する控訴を受けた控訴審は，原判決に破棄事由があるか否かを審理し，明らかに自判できる場合を除き，さらに証拠調べ等を行なう必要があると判断する場合には原則として原審に差し戻し，差戻審では，新たな裁判員が参加する新たな合議体で審理判決することになります。刑事訴訟法の建前も控訴審は事後審であったのですが，これまでの運用はあまりに続審的であったので，裁判員制度の導入により，本来の法の趣旨に立ち戻ることになります。

2　控訴理由

　このように，裁判員制度の下においては，国民参加の点からの第一審尊重及び控訴審が事後審であることが強調されるようになると，弁護人には，原判決の瑕疵を一層明確に主張することが求められるでしょう。
　① 訴訟手続の法令違反（刑訴法377条～379条）Q57を参照してください。
　② 事実誤認（刑訴法382条）
　事実誤認の主張については，直接証拠に接した裁判員が参加した第一審の判断が尊重される傾向が強まるでしょう。また，判決書のあり方の変化も大きく影響するでしょう。Q55で述べるように，裁判員裁判では，判決書は，争点について簡潔な判断を示すものになるでしょう。したがって，事実誤認の主張は，従来の

ように，判決書上の詳細な記述の矛盾を衝くというより，原審で取り調べられた証拠を具体的に引用するなどして，原判決の認定が，通常人の経験則，論理則に違反すること，あるいは合理的疑いを残さない証明ができていないことなどを，具体的かつ明確に主張しなければならなくなるでしょう。事実誤認の主張が容れられる場合には，控訴裁判所は，無罪が明らかな場合を除き原則として，事件を原審に差し戻すべきでしょう。

③ 量刑不当（刑訴法381条）

　量刑不当の主張についても従来と同様であり，第一審の判断が尊重される傾向になるであろうことも，事実誤認の場合と同様です。ただ，裁判員制度の下では，単なる刑期についての不服と，刑種についての不服について，運用が異なる可能性があります。

　刑期についての不服は，第一審尊重の観点から破棄の範囲が狭まることも予想されるので，明らかに不当な場合（刑訴法397条2項）にのみ破棄することになるでしょう。そして破棄する場合には，原則は差し戻して審理をやり直すべきでしょう。ただし例外として，第一審の事実認定を前提として，刑種は第一審の判断を維持し，刑期だけを変える場合には，量刑は法律適用に類似する判断でもあること，また訴訟経済の観点から，自判できる場合もありうるのではないかと思われます。

　しかし，原判決が選択した死刑や無期刑を破棄する等，原判決が選択した刑種が相当でないと控訴審が判断し破棄する場合には，やはり原審に差し戻して，新しい裁判員が加わる新しい裁判体によって判断してもらうべきでしょう。

　なお，控訴審における事実の取調べ（刑訴法382条の2，393条）の規定もそのまま維持されていますから，原審が裁判員裁判で行なわれた場合にも，控訴審では事実の取調べを行なうことができます。しかし，これらは，従来の運用のように自判するために行なうのではなく（法の建前は瑕疵の審査のための事実の取調べでしたが），あくまで原判決の破棄事由の有無の判断のために行なわれるべきで，したがって控訴審が，実体について心証を採るために続審的に事実の取調べを行なうことはできないと考えるべきでしょう。ただ，原判決後の量刑事情，たとえば示談が成立した場合などは，控訴審で事実の取調べを行って自判することは，前述の理由から，合理的と思われます。

（四宮）

Q57 裁判員裁判に特殊な「訴訟手続の法令違反」がありますか。

参照条文　64条，刑訴法377条・379条

●ポイント
新たに設けられた裁判員が参加する手続の違反であって，絶対的控訴理由とされているものや，その違反が判決に影響を及ぼすことが明らかなものがあります。

裁判員制度に特殊な「訴訟手続の法令違反」とは，新たに設けられた裁判員が参加する手続の違反であって，絶対的控訴理由とされているもの，またその違反が判決に影響を及ぼすことが明らかなものです。

1　絶対的控訴理由

法律に従って判決裁判所を構成しなかったこと（刑訴法377条1号）。たとえば，欠格事由者（14条）や事件に関連する不適格事由者（17条）が裁判員として裁判体を構成していた場合です。ただし，裁判員の構成だけについて違法があり，しかも判決に裁判員の判断権限事項が含まれていないとき，またはその違法が，就職禁止事由者（15条）が入っていた場合であるときは，絶対的控訴理由に当たらないとされています（64条）。

2　相対的控訴理由

訴訟手続に法令違反があって，その違反が判決に影響を及ぼすことが明らかである場合です（刑訴法379条）。

主張しうる場合としては，たとえば，①要件がないのに事件を裁判員対象事件から除外した場合（3条），②不公平な裁判をするおそれがあると認められるのに不適格とされなかった場合（18条），③裁判員として選任された者が選任手続段階で質問票に虚偽の記載をした場合（30条3項），④職権で裁判員を解任すべきであるのにしなかった場合（43条），⑤裁判長が評議において説明義務等を尽くさず，または裁判員に対して不当な影響を与えた場合（66条5項）などが考えられます。

ただし，裁判員制度に特有な法令違反のうち，②以下のものについては，判決に影響があることを示すことは困難なことが多いでしょう。

ところで，これら裁判員制度に特有の法令違反でないものについても，これまでとは異なった取り扱いが必要になるでしょう。たとえば，証拠の採否の判断を

誤った場合のように，事実認定に影響しうるような法令違反は，原則として「判決に影響を及ぼすことが明らかである場合」に当たると推定すべきではないでしょうか。なぜなら，本来事実認定は裁判員が入って行なうべきものですから，控訴審の裁判官がある証拠の有無で判決に影響を及ぼすかどうかを判断できるものではないはずだからです。また裁判員制度では，Q56で述べるように，第一審の判断尊重の理念から事実誤認を理由とする破棄が制限されることとなる反面，第一審における手続的適正はより一層重視されるべきであると思われるからです。

したがって，当事者が証拠排除を申し立てていたが裁判所が当該証拠を採用した場合など，従来と異なり，証拠の採用の違法が裁判員の判断に影響を及ぼすと考えられる場合は広がるのではないかと思われます。このように，裁判員の判断に不当な影響を与える可能性がある事由は，判決に影響を及ぼすことが明らかな訴訟手続上の法令違反として，控訴理由として主張できると思われます。

（四宮）

Q58 差戻審の審理はどう行うのですか

参照条文　　刑訴法400条，刑訴規則213条の２，裁判所法４条，裁判員法62条

●ポイント
　差戻審では，新しい裁判員による新しい裁判体が審判します。原手続の効力が否定されていない場合は，差戻審では更新の手続に準じることになりますが，原手続における証拠調べをビデオ録画するなど，分かりやすい手続が必要になります。

1　差戻審における手続

　裁判員裁判について控訴が申し立てられた場合に，控訴審が破棄理由があると判断した場合には，第一審尊重の理念から，原則として事件を原審に差戻すべきでしょう（刑訴法400条本文）。

　差戻しを受けた裁判所は，新たな裁判体が新たな心証形成を行なうために審理を行なうのですから，基本的には第一審と同様の手続を行なうことになります。したがって，裁判員の選定手続も新たにやり直し，新しい裁判員を選任することになります。もちろん裁判官も原手続に関与した裁判官は除斥され（刑訴法20条7号），弁護人についても新たな選任手続が必要になります（32条２項）。ただし，破棄理由によって争点が絞られていることが多いでしょう。

　また，破棄理由にもよりますが，原手続の効力が否定されない多くの場合には，原手続において証拠はすでに取り調べられているので，厳密な意味での第一審手続と異なることは否めず，更新手続に準じた方法によることになると思われます。現在の刑訴規則では原手続の公判手続における被告人や証人の供述を録取した書面，公判期日における検証の結果を記載した書面，公判手続において取り調べた書面又は物については，職権で証拠書類または証拠物として取り調べることになっていますが（刑訴規則213条の２第３号参照），裁判員が参加する第一審では，口頭主義・直接主義を実質化し，なるべく調書を使わないようにしようとしているのですから，差戻審における更新に準ずる手続にも，その趣旨が活かされるようにすべきです。更新に関する規則の整備が必要です。

　そこで差戻審では，原手続の公判調書を用いるのは，やむを得ない例外的な場

合，たとえば，証人尋問を再度行なうことが不可能もしくは著しく困難な場合に限り，証人尋問等は再度行なうべきでしょう。しかし前者のような例外的な場合でも，公判調書の朗読によって新しい裁判員が法廷で心証を採ることは著しく困難です。また後者のように証人尋問を再度行なうことについては，証人の負担や訴訟経済の観点からも検討しなければならないこともあります。

そうであるとすれば，原手続における証人尋問は原則としてビデオ録画し，差戻審の更新に準ずる手続においてはビデオも使用できるよう，規則上の手当てをすべきでしょう。

2　事実誤認の場合

事実誤認については，裁判員制度の下では控訴審が第一審に代替して事実認定を行なうのではない点に留意が必要です。そう考えなければ，直接証拠に接する一般国民の感覚を裁判に反映させようとする裁判員制度の意義が失われてしまうからです。現在でも上告審は，原則として事実審に代替して事実認定を行なうものではないことから，上告審が事実問題で破棄する場合には，「事実誤認の疑い」を理由として破棄していることが参考になります。

したがって，事実問題を理由に破棄された場合，控訴審の破棄判決は，差戻審に対して事実認定のやり直しを命ずるだけで，破棄理由が差戻審の事実認定を拘束するものではないと考えるべきでしょう。

3　量刑不当の場合

量刑不当を理由とする破棄は，事実誤認とは事情を異にします。量刑判断は法律の適用に類似した判断であり，一定の範囲で自判を認める一方（Q56参照），破棄判断は，原手続で取り調べられた証拠によれば原手続が決定した刑罰は相当ではなく量刑手続をやり直すことを命ずるものですから，同じ証拠で同じ量刑判断はできない，つまり破棄理由に拘束力があると考えるべきでしょう。もちろん新たな証拠が差戻審で取り調べられた場合には，原手続と同じ量刑をすることが可能となるでしょう。

（四宮）

Q59 裁判員になった際，仕事は休めますか。労働関係上不利益な扱いを受けませんか。

参照条文　　71条

● ポイント

　使用者は，休暇の申し出を拒むことはできません。また，労働関係上不利益な取扱いをすることは禁止されています。給与保障制度は見送られました。

1　裁判員等の職務を行うために職場を離れることができるか

　労働基準法7条本文は，「使用者は，労働者が労働時間中に，選挙権その他公民としての権利を行使し，又は公の職務を執行するために必要な時間を請求した場合においては，拒んではならない」と規定しています。

　裁判員や補充裁判員，裁判員候補者に選ばれ，裁判所に出頭することは，「公の職務を執行する」ことにあたります。従って，使用者は，労働者から職場を休みたいとの申し出があった場合，これを拒むことはできず，これに違反した場合には，6カ月以下の懲役又は30万円以下の罰金に処せられます（同法119条1号）。

2　裁判員等となったために不利益な取扱いを受けるか

　71条は，労働者が裁判員等や裁判員候補者又はこれらの者であったことを理由として，解雇その他不利益な取扱いをしてはならない旨規定しています。

　この規定に反した法律行為や業務命令は，無効となり，労働者がこれらに従わないことを理由とする解雇も無効です。

3　給料は保障されるのか

　労働者の給料を保障する制度は，今回は導入されませんでした。したがって，使用者が特に保障しない限り，労働者は，自分の有給休暇を消化することとなり，有給休暇を使い切ると，その後は無給扱いとなります。

　国民の義務履行の側面的支援は，社会を構成する企業としての責任を果たすこととなり，社会から高い評価を受けるでしょう。企業の規模等に応じ，裁判員義務を果たすための休暇は有給扱いとするなどの就業規則を策定することが望ましいといえます。

　諸外国では，給与保障の制度は多くはありませんが，参審員が4年の任期をもつドイツでは導入されています。アメリカでは，州によっては一定期間の給与支払義務があり，また，少なくない会社が，独自に給与保障を行っています。

（工藤）

Q60 裁判員等を保護するため，制度上どのような工夫がありますか。

参照条文 72条，78条，80条

●ポイント

裁判員等を特定するに足る個人情報は原則公開されません。訴訟関係者が漏らした場合には罰則があります。裁判員等やその親族に対する威迫罪が設けられています。

1 裁判員等の個人情報の保護

何人も，裁判員等や裁判員候補者・予定者の個人を特定するに足りる情報を公にしてはなりません。裁判員等であった人の情報も，本人が同意している場合を除いて，公開されません（72条）。

裁判員等選任手続も非公開で行われます（33条1項）。

裁判員等選任手続において，その出席者である裁判官や訴訟関係人が，正当な理由なく，裁判員等の個人情報や，裁判員候補者の陳述の内容を漏らしたときは，懲役又は罰金に処せられます（80条）。

裁判所が作る開廷表には，裁判員等の氏名は記載されません。また，公判調書等は，裁判員等の氏名に配慮した書類作成上の工夫がなされます。

確定記録も，保管記録を閲覧させることが裁判員等，裁判員候補者の個人を特定させることとなるおそれがある場合には，一部例外を除き，閲覧が認められません（附則6条，刑事確定訴訟記録法4条2項6号の創設）。

2 裁判員等に対する威迫罪

ある事件に関し，その事件の裁判員等やこれらの職にあった者，またその親族に対し，威迫の行為をした者は，懲役又は罰金に処せられます（78条1項）。裁判員候補者に対して威迫の行為を行った者も同様です（同条2項）。威迫の方法は問いません。

対象事件が組織的に行われた場合，この事件に関連する威迫行為につき，同法が適用されます（附則7条，組織的犯罪処罰法7条1項4号，5号の創設）。

3 対象事件からの除外

裁判員等に危害が及ぶおそれがあり，裁判員等が職務を行うことが困難な場合などには，事件を裁判官だけで審理することができます（3条。Q9参照）。

4 被告人の保釈不許可事由・取消事由

被告人の裁判員等に対する接触を防止するため，保釈に関し特例が設けられています（Q63参照）。

〔工藤〕

Q61 裁判員への接触は規制されますか。

参照条文 73条，64条　刑訴法81条・89条5号・96条1項4号

●ポイント

　現職の裁判員等に接触することや，裁判員等であった人に守秘義務を負う事項を知る目的で接触することは禁止されています。被告人は，裁判員等への接触等を理由に，身体拘束上の規制を受けます。

1　接触規制とその内容

　現職の裁判員等への接触は，事件に関連する場合には，何人も一切許されません（73条1項）。事件に関連しなければ接触は自由ですが，弁護人は接触を避けるべきです（同条2項）。

　裁判員等であった者への接触は，守秘義務を負う事項を知る目的の場合のみ禁じられます。例えば，裁判員を体験した感想を聞くことは可能です。メディアであっても弁護人であっても同様の規制です。

　現職の裁判員等への接触規制の立法趣旨は，職務の公正さに対する信頼及び裁判員等の生活の平穏の保護とされています。また，裁判員等であった者についても，生活の平穏を守る必要があると説明されています。

　なお，これらの接触規制に違反した場合の罰則は設けられていません。

2　被告人の身体拘束上の規制

①接見・授受の制限

　裁判所は，勾留されている被告人が，裁判員若しくは補充裁判員に，面会，文書の送付その他の方法により接触すると疑うに足りる相当な理由がある場合には，接見や物の授受の制限等をすることができます（64条，刑訴法81条）。

②保釈不許可事由

　裁判所は，上記と同様の理由があるときには，保釈の請求があっても，これを許さないことができます（64条，刑訴法89条5号）。

③保釈取消事由

　裁判所は，被告人が，裁判員若しくは補充裁判員に，面会，文書の送付その他の方法により接触したときには，保釈や勾留の執行停止を取り消すことができます（64条，刑訴法96条1項4号）。

（工藤）

Q62 具体的事件の裁判について，広く市民に情報を提供し世論に訴えることは規制されるのでしょうか。

参照条文　　77条

● ポイント

裁判員を名宛人とする活動は禁じられていますが，不特定多数の市民に対する宣伝や，裁判官のみを名宛人とする請願活動は従来通り行うことができます。

1　裁判員等に対する請託罪等

77条は，裁判員等に対する請託等を犯罪として規定しています。

法令の定める手続により行う場合を除き，裁判員又は補充裁判員に対し，その職務に関し，請託をした者は，2年以下の懲役又は20万円以下の罰金に処せられます（同条1項）。また，法令の定める手続により行う場合を除き，被告事件の審判に影響を与える目的で，裁判員又は補充裁判員に対し，事実の認定，刑の量定その他の裁判員として行う判断について意見を述べ又はこれについての情報を提供した者も，同様の刑罰に処せられます（同条2項）。

2　事件に関する世論喚起活動と同条

無罪を争う事件においては，世論を喚起するため，裁判に関する情報をビラ等の宣伝物に掲載し，人の集まる場所で配布する活動が行われています。こうした活動が同条2項にあたるのではないかが問題となります。

同条項は，裁判員又は補充裁判員を名宛人として働きかける行動を処罰するものであり，不特定多数の市民を名宛人とする活動は，「裁判員又は補充裁判員に対し」の要件に該当しません。したがって，不特定多数の市民を対象とする宣伝活動は，同条項には該当しません。

3　裁判所に対する請願署名と同条

多くの事件において，裁判所に対し，公正な裁判を求める請願署名を集め，提出する活動が行われています。こうした活動が，同条2項にあたるのではないかが問題となります。

この点につき，立法者は，「特定の事件について無罪判決をすべきである旨の書面を，裁判員を名宛人に含めずに，裁判長あるいは裁判官あてにし，裁判員も閲覧するという認識や意図を持たずに，裁判員が閲覧することのないようにして提出をする行為」はこれに当たらない，と説明しています（2004〔平成16〕年5月13日参議院法務委員会）。署名の提出が同条項に当たるか否かについては，署名の内容や提出方法も含め，議論のあり得るところでしょう。

（工藤）

Q63 事件報道がなされる場合，弁護人はメディアとどう接すればよいでしょうか。

●ポイント

　場合により，メディアに積極的に対応する必要があるでしょう。また，裁判員等選任手続や公判審理における裁判長の説明にも目配りが必要です。

1　裁判員裁判と報道

　裁判員等となる市民は，事件報道に接する可能性があります。

　事件によっては，捜査段階のみならず公判審理の様子が報道されるでしょう。さらに，関係者からの独自取材により，公判では現れていない事実が報道される可能性もあります。

2　メディアへの対応

　事件発生から起訴に至るまでの事件報道の多くは，捜査側からの情報を基になされるものが多いと思われます。捜査側からの一方的な情報の提供は，裁判員となる可能性のある人々に被疑者（後の被告人）に対する多くの偏見を与える可能性があります。

　まず，弁護人は，被疑者・被告人の事件の報道に関心を持つ必要があります。

　捜査側からの情報による報道に対しては，メディアに対し，対抗的な情報を提供することが考えられます。ただし，その場合には，後の公判審理における被告人の防御活動に悪影響を与えることのないよう，慎重な検討が必要です。

　また，被疑者，被告人に対する偏見を与えるような報道があれば，メディアに対し，公平な報道を求めるべき場合もあるでしょう。

　公判中の報道に対しても，同様です。

3　弁護人としてどう対応するか

　公判審理前に多くの報道がなされた事件では，裁判員等選任手続において，こうした報道に接することにより偏見を持った裁判員候補者がいないかどうか，慎重に確認し，場合によっては不選任請求を行う必要があるでしょう。弁護人は，裁判官に対し，裁判員等選任手続において裁判官が裁判員候補者に行う質問に，報道に関する質問を入れるよう求めることも必要です。

　公判審理開始後も事件報道がなされる場合には，裁判長に対し，選任された裁判員が公判審理以外で心証をとることのないよう，裁判員等に繰り返し説明するよう求めることも必要です。

（工藤）

Q64 裁判員法における罰則にはどのようなものがありますか。

参照条文　77条〜84条

● ポイント
　裁判員等を保護するための請託罪や威迫罪，氏名等漏示罪，裁判の公正を確保する等のための秘密漏示罪，質問票虚偽記載罪があります。不出頭等には過料の制裁があります。

1　裁判員等に対する請託罪等

　裁判員又は補充裁判員に対し，その職務に関し請託を行うことは，犯罪です（77条1項）。また，被告事件の審判に影響を及ぼす目的で，裁判員等に対し，事実の認定，刑の量定その他の裁判員として行う判断について意見を述べ又はこれについての情報を提供することも，犯罪です（同条2項）。2年以下の懲役又は20万円以下の罰金に処せられます。

　いずれの場合も，法令の定める手続により行う場合は除かれます。裁判官や裁判員が評議で意見を述べ合うことや，裁判官が裁判員に毎日出頭するようお願いする行為は，当然「法令の定める手続により行う場合」に当たります（なお，特定の無罪主張事件における世論喚起等の支援活動に関し，Q62参照）。

2　裁判員等に対する威迫罪

　被告事件に関し，当該被告事件の裁判員若しくは補充裁判員若しくはこれらの職にあった者又はその親族に対し，威迫することは犯罪です（78条1項）。また，被告事件に関し，当該被告事件の裁判員候補者又はその親族に対し威迫することも同様です（同条2項）。いずれも，2年以下の懲役又は20万円以下の罰金に処せられます。

　威迫の方法は，面会，文書の送付，電話その他いかなる方法によるかを問いません（同条）。

　裁判員裁判の対象となっている事件が，団体の活動として，当該行為を実行するための組織により行われた場合において，その事件の裁判員等を威迫する行為が行われたときは，組織的犯罪処罰法により，3年以下の懲役又は20万円以下の罰金に処せられます（附則7条，組織的犯罪処罰法7条1項4号，5号）。

3 贈収賄罪

裁判員や補充裁判員は，「法令により公務に従事する」「その他の職員」であり（刑法7条），刑法上の贈収賄罪（同法197条以下）の主体となり得ます。

4 裁判員等による秘密漏示罪

裁判員又は補充裁判員が，評議の秘密その他の職務上知り得た秘密を漏らしたときは，犯罪です（79条）。また，裁判員等が事実認定や量刑に関する意見等を裁判官や他の裁判員以外に対し述べた場合も同様です（79条4項，5項）。

5 裁判員の氏名等漏示罪

検察官，弁護人，これらの職にあった者，被告人，被告人であった者が，正当な理由がなく，裁判員候補者の氏名や質問票記載内容，裁判員等選任手続における裁判員候補者の陳述の内容を漏らしたときは，1年以下の懲役又は50万円以下の罰金に処せられます（80条）。

「正当な理由」が認められる場合とは，例えば，弁護人だった者が，裁判員候補者の虚偽記載罪を告発する場合が考えられます。

6 裁判員候補者による虚偽記載罪等

裁判員候補者が，質問票に虚偽の記載をして裁判所に提出し，又は裁判員等選任手続における質問に対して虚偽の陳述をしたときは，50万円以下の罰金に処せられます（81条）。

7 裁判員候補者の虚偽記載等に対する過料

裁判員候補者が，質問票に虚偽の記載をしたり，裁判員等選任手続において正当な理由なく陳述を拒んだり，虚偽の陳述をしたときは，決定で，30万円以下の過料に処せられます（82条）。過料の決定に対しては即時抗告ができます（84条）。

質問票への虚偽記載と，裁判員等選任手続における虚偽陳述とは，刑事罰の対象になる場合と，過料の対象となる場合があり得ることになります。

8 裁判員等の不出頭等に対する過料

次の場合には，10万円以下の過料に処せられます。

① 呼出しを受けた裁判員候補者が，正当な理由がなく出頭しない場合（83条1号）。

② 裁判員又は補充裁判員が，正当な理由がなく宣誓（39条2項）を拒んだ場合（同条2号）。

③ 裁判員又は補充裁判員が，正当な理由がなく，公判期日等に出頭しない場合（同法3号）。

④ 裁判員が，正当な理由がなく，判決宣告期日に出頭しない場合（同条4号）。

過料の決定に対しては即時抗告ができます（84条）。

(工藤)

Q65 裁判員の守秘義務の範囲はどのようなものでしょうか。

参照条文 70条, 79条

●ポイント
　裁判員と補充裁判員は，職務上知り得た秘密や事実認定や量刑に関する意見について守秘義務を負っており，裁判員等であった者にも一定の守秘義務があります。守秘義務の範囲は，その範囲のあり方を含めて具体的に議論され，国民に提示される必要があります。

1　守秘義務の範囲と罰則

　裁判員と補充裁判員は，「評議の秘密その他の職務上知り得た秘密」を守る義務を負っています（79条）。
　これに違反した場合には，次のとおり罰せられます。
①裁判員又は補充裁判員が漏らした場合　6月以下の懲役又は50万円以下の罰金（同条1項）
②裁判員又は補充裁判員の職にあった者が漏らした場合
　6月以上の懲役又は50万円以下の罰金になる場合（同条2項）
　・評議の秘密を除く職務上知り得た秘密を漏らしたとき
　・評議の秘密のうち，それぞれの裁判官若しくは裁判員の意見又はその多少の数を漏らしたとき
　・財産上の利益その他の利益を得る目的で，評議の秘密（裁判官・裁判員の意見又はその多少の数を除く）を漏らしたとき
　50万円以下の罰金になる場合（同条3項）
　・評議の秘密（裁判官・裁判員の意見又はその多少の数を除く）を漏らしたとき

　なお，裁判員等の秘密漏洩罪は，「評議の秘密その他の職務上知り得た秘密」以外に，裁判員等が事実認定や量刑に関する意見を述べたり，裁判員等であった者が裁判所の事実認定や量刑の当否を述べた場合にも成立します（同条4項，5項）。

2　「評議の秘密」の範囲
①法律上の定義

「評議の秘密」の範囲は，次のとおり規定されています。
・構成裁判官及び裁判員が行う評議並びに構成裁判官のみが行う評議であって裁判員の傍聴が許されたものの経過
・それぞれの裁判官及び裁判員の意見
・それぞれの裁判官及び裁判員の意見の多少の数
② 「評議の経過」の具体的範囲

　実際に参加した市民が，その体験を語ることは，市民がその参加の重要性や意義を理解する上でも，制度改革を進める上でも，大変重要です。しかし，守秘義務の具体的な範囲，特に「評議の経過」の範囲はあいまいです。一般の市民は，守秘義務違反に問われることを恐れて，何も言えなくなるおそれがあります。

　政府は，裁判員裁判に参加した「感想」を述べることは許されていると説明していますが，「評議の経過」と「感想」の具体的な境界線は，判断が困難な場合があります。例えば，「評議の際，裁判官はとてもよく話を聴いてくれた」という発言は，評議の進み方を指摘しているという意味で，「評議の経過」とも考えられる一方，評議において自分が感じた「感想」とも考えられるからです。

　「評議の秘密」に対して守秘義務が課せられる趣旨が，評議において自由に意見表明できる環境を確保することにあるならば，守秘義務の範囲は，その目的を達するために必要な範囲で十分です。また，裁判長は，評議の際，裁判員等の意見表明の機会等に配慮する義務を負っており（66条5項），裁判長がかかる義務を果たしているかどうか，検証する必要があります。そのためには，裁判員経験者が秘密にすべき事項を守りながらも評議の様子を語ることができるようにしなければなりません。

　一般論としては，評議の一連の経過に対する「評価」は，経過そのものではないから，守秘義務の範囲には当たらないと考えるべきです。さらに，「評価」の前提となる経過（例えば，裁判長の評議の進行に関する事項）についても，「評価」の前提事実として抽象的に説明したものである場合には，「評議の経過」にはあたらないものとすべきです。特に後者は議論になりうるところでしょう。

　「評議の秘密」の範囲は，今後具体的に検討され，市民には具体的な事例とともに示されることが必要です。

（工藤）

資料　裁判員の参加する刑事裁判に関する法律案に対する附帯決議

●衆議院
【裁判員の参加する刑事裁判に関する法律案に対する附帯決議】

政府及び最高裁判所は，本法の施行に当たり，次の事項について格段の配慮をすべきである。

1　政令又は最高裁判所規則において裁判員制度の細目を定め，また，実際に裁判員制度を施行するに当たっては，例えば，守秘義務の範囲の明確化や裁判員にわかりやすい立証・説明等の工夫等，円滑で，制度の趣旨が十二分に活かされる運用となるよう，国会における議論を十分に踏まえること。

2　附則第2条第1項の規定を踏まえ，国民の理解を十分に得て，国民が自ら進んで裁判員として刑事裁判に参加してもらえるよう，関係省庁間において的確に連携協力するなどして，裁判員制度の趣旨やその具体的内容の周知のための活動を十分に行うよう努めること。

3　裁判員制度の円滑な実施のために，必要な予算の確保を含め，本法施行前における準備を十分に行うこと。

●参議院
【裁判員の参加する刑事裁判に関する法律案に対する附帯決議】

政府及び最高裁判所は，本法の施行に当たり，次の事項について格段の配慮をすべきである。

1　裁判員制度の円滑な実施のため，国民の意見をも聴きつつ，制度の周知活動の実施を含め，本法施行前における準備を十分行うこと。

2　裁判員制度の施行までの準備を行う過程において，制度の円滑な実施の観点から必要な場合には，制度上の手当てを含めて適切に対処すること。

3　裁判員等の守秘義務については，守秘義務の範囲が明確かつ分かりやすいものとなるよう，広く国民に説明するよう努めること。

4　裁判員となることについて辞退の申立てをすることができる事由を政令で定める場合には，幅広い国民の良識を裁判に反映するという制度の趣旨及び国民の負担を過重なものとしないという要請に十分な配慮をすること。

5　本法第74条による実施状況に関する資料の公表に当たっては，裁判員制度の運用の改善などのための検討に資するようにするという同条の趣旨を十分踏まえること。

6　附則第3条を踏まえ，仕事や家庭をかかえた国民がより容易に裁判員として裁判に参加することができるよう社会的環境の整備に一層努めること。

右決議する。

◎執筆者
後藤　昭（ごとう・あきら）　一橋大学法科大学院教授
四宮　啓（しのみや・さとる）　早稲田大学法科大学院教授・弁護士
西村　健（にしむら・たけし）　弁護士
工藤美香（くどう・みか）　弁護士

実務家のための裁判員法入門

2004年12月24日　第1版第1刷
2008年 6 月30日　第1版第2刷

編著者　後藤　昭・四宮　啓・西村　健・工藤美香
発行人　成澤壽信
発行所　株式会社現代人文社
　　　　〒160-0004 東京都新宿区四谷2-10　八ッ橋ビル7階
　　　　振替　00130-3-52366
　　　　電話　03-5379-0307（代表）
　　　　FAX　03-5379-5388
　　　　E-Mail　henshu@genjin.jp（編集部）／hanbai@genjin.jp（販売）
　　　　Web　http://www.genjin.jp
発売所　株式会社大学図書
印刷所　株式会社ミツワ
装　丁　清水良洋（Push-up）

検印省略　PRINTED IN JAPAN　ISBN978-4-87798-234-8　C2032
ⓒ2004　A.Goto　S.Shinomiya　T.Nishimura　M.kudo

本書の一部あるいは全部を無断で複写・転載・転訳載などをすること、または磁気媒体等に入力することは、法律で認められた場合を除き、著作者および出版者の権利の侵害となりますので、これらの行為をする場合には、あらかじめ小社また編集者宛に承諾を求めてください。